Klangvolle Namen wie Palenque, Machu Picchu oder Tenochtitlán zeugen von den großen Kulturen der Maya, Inka und Azteken, die einst das Gebiet des heutigen Lateinamerikas besiedelten und grandiose Städte erbauten, deren Ruinen uns heute noch in den Bann schlagen. Im Zuge der Eroberung durch die Europäer verschwanden diese Völker, ihre Mythen und Geschichten aber haben überlebt. Sie erzählen von der Entstehung des Universums, von der Beziehung der Menschen zur Natur und zu ihren Göttern, aber auch von den Helden, die sich den Eroberern widersetzten. Vielleicht bergen sie gar das, was man als die Seele Lateinamerikas bezeichnen kann.

Osvaldo Calle Quiñonez, geboren in Bolivien, ist Journalist und Buchautor. Er lebt in Deutschland und schreibt hauptsächlich über aktuelle politische Themen.

Enno Petermann, geboren in Berlin, übersetzt aus dem Spanischen und Portugiesischen. Er übertrug u. a. Romane von Sérgio Sant'Anna, Eduardo Belgrano Rawson und Adriana Lisboa.

Cuentos míticos latinoamericanos

·

Mythische Geschichten aus Lateinamerika

Erzählt von Osvaldo Calle Quiñonez

Übersetzt von Enno Petermann

dtv

Ausführliche Informationen über unsere Autoren und Bücher
www.dtv.de

MIX
Papier aus verantwortungsvollen Quellen
FSC® C019821
FSC
www.fsc.org

Originalausgabe 2014
3. Auflage 2017

Umschlagkonzept: Balk & Brumshagen
Umschlagbild: Fresko aus dem Hachab-Tempel (Campeche, 7.–9. Jh.), Nationalmuseum für Anthropologie, Mexiko-City
(akg-images/Bildarchiv Steffens)
Satz: Greiner & Reichel, Köln
Druck und Bindung: Druckerei C.H.Beck, Nördlingen
Gedruckt auf säurefreiem, chlorfrei gebleichtem Papier
Printed in Germany · ISBN 978-3-423-09523-5

Estimados lectores:

América Latina es una región extensa, diversa y abundante en recursos naturales, en la que su gente comparte sus esfuerzos y sus alegrías con la esperanza puesta en mejores días.

Teotihuacán, Palenque, Machu Picchu o Tiwanaku son los vestigios de grandes culturas que se sucedieron en el tiempo. Pero el desarrollo de esas sociedades fue interrumpido por un violento encuentro en el que unos creyeron haber visto la llegada de sus dioses. Después se sucedió una colonia y penosas condiciones de vida para los otrora señores de inmensos y ricos territorios. Las sociedades se reconfiguraron, se formaron nuevas, mestizas que incorporaron nuevos conocimientos y valores. Pero las historias de los hombres y mujeres que construyeron las grandiosas ciudades perviven todavía en los pueblos que hoy en día habitan la región y forman lo que se llama la base del alma de los pueblos.

Algunas de esas historias fueron recopiladas en este libro. Es ese saber popular que fue transmitido de padres a hijos y de estos a sus hijos, muchos de manera oral. Esas historias hablan de mitos del origen del universo y de los primeros hombres, de la relación de los hombres con sus dioses y la naturaleza, de héroes de su resistencia a los conquistadores y también de amor y esperanza.

Las historias aquí presentadas intentan permitir una primera aproximación al alma de los pueblos latinoamericanos. Estas son parte de las

Liebe Leser,

Lateinamerika ist eine große, vielgestaltige und ressourcenreiche Region, deren Bewohner in Mühsal und Freude stets auf bessere Tage hoffen.

Teotihuacán, Palenque, Machu Picchu oder Tiwanaku sind die Reste großer Zivilisationen, die einander im Laufe der Zeit ablösten. Doch die Entwicklung dieser Gesellschaften wurde von einem plötzlichen Ereignis unterbrochen, in dem manche die Ankunft ihrer Götter zu sehen glaubten. Danach folgten für die einstigen Herren riesiger, wohlhabender Gebiete die Kolonisierung und ein Leben unter ärmlichsten Bedingungen. Die Gesellschaften wandelten sich, entwickelten eine eigene Mestizenkultur und nahmen neue Erkenntnisse und Wertvorstellungen auf. Aber die Geschichten der Männer und Frauen, die jene gewaltigen Städte errichteten, leben noch immer in den Völkern fort, die den Kontinent heute bewohnen, und bilden, was man den Urgrund ihrer Seele nennen könnte.

Einige der Geschichten sind in diesem Buch versammelt. Es ist das volkstümliche Wissen, das – meist mündlich – von Eltern an Kinder und von ihnen wieder an ihre Kinder weitergegeben wurde. Die Geschichten erzählen von Mythen über den Ursprung des Universums und der ersten Menschen, von der Beziehung der Menschen zu ihren Göttern und zur Natur, von Helden ihres Widerstandes gegen die Eroberer und auch von Liebe und Hoffnung.

Die hier vorgestellten Geschichten wollen eine erste Annäherung an die Seele der Lateinamerikaner ermöglichen. Sie sind Teil jener größeren Erzählungen, die ihre

historias que forman la cosmovisión y determinan su forma de vida. Los lectores están invitados a leer estas historias; les permitirá comenzar a entender cómo piensan y sienten esos pueblos. Así lo hasta ahora desconocido dejará de ser extraño y diferente, y hasta quizás también descubran que comparten muchos valores de los pueblos del continente de la esperanza.

Osvaldo Calle Quiñonez

Weltsicht zum Ausdruck bringen und ihre Lebensform bestimmen. Ich lade die Leser ein, diese Geschichten kennenzulernen. Mit ihrer Hilfe werden sie besser verstehen, wie die Völker Lateinamerikas denken und fühlen. So verliert das bisher Unbekannte seine Fremdheit und Andersartigkeit, und vielleicht entdecken sie sogar, dass sie viele Ideen mit den Menschen des Kontinents der Hoffnung teilen.

Osvaldo Calle Quiñonez

El juego del escondite

De las tradiciones orales latinoamericanas

Cuentan las leyendas que al inicio de los tiempos, cuando el mundo todavía no era mundo, cuando el tiempo aún no existía porque no era necesario controlarlo, cuando el ser humano todavía no había sido creado, en el centro del universo estaban los vicios y las virtudes.

Ellos tenían la costumbre de pasar casi todo su tiempo discutiendo y peleando, sobre todo incitados por la Ira y la Discordia. Pero un día, si a ese momento se le puede llamar día, sabedores que en el futuro los seres humanos iban a poblar la tierra, los vicios y las virtudes discutían acerca quiénes habitarían en el corazón de los humanos. Tal apasionadas eran las discusiones que no lograban ponerse de acuerdo. Unos decían que deberían ser más virtudes que vicios, pero otros argumentaban lo contrario, que los vicios tendrían que estar en mayor número.

Y como el acuerdo parecía imposible, a la Locura, loca como estaba, se le ocurrió una idea loca que a ella misma le pareció genial. Por eso, haciendo piruetas en mitad de la reunión, dijo a voz en cuello:

– ¡Ya sé!

Al oírla todos se quedaron expectantes. Sabían que muchas veces la Locura podía ser genial y por eso querían oír lo que ella iba a decir. Pero no dijo nada; ella seguía corriendo y saltando sin ton ni son:

– Es tan genial que seguro nos va a resolver los problemas. Mi idea no va a fallar. Ji, ji, ji …

En este momento la Intriga comenzó a intrigar entre los presentes diciendo:

Das Versteckspiel

Aus der mündlichen Überlieferung Lateinamerikas

Am Anfang, so erzählen die Sagen, als die Welt noch nicht die Welt war, als es die Zeit noch nicht gab, weil niemand sie brauchte, und der Mensch noch nicht geschaffen war, befanden sich im Zentrum des Universums die Laster und die Tugenden.

Sie hatten die Angewohnheit, fast ihre ganze Zeit mit Streit und Zank zu verbringen, besonders wenn sie vom Zorn und von der Zwietracht aufgehetzt wurden. Und da sie wussten, dass die Erde in Zukunft von den Menschen bevölkert werden würde, stritten die Laster und die Tugenden eines Tages, falls man diesen Moment Tag nennen kann, wer in ihren Herzen wohnen dürfe. Die Debatte war so leidenschaftlich, dass sie zu keinem Ergebnis gelangten. Einige meinten, es solle mehr Tugenden als Laster geben, andere vertraten die gegenteilige Ansicht: dass die Laster an Zahl überwiegen müssten.

Da die Einigung unmöglich schien, kam die Verrücktheit, verrückt wie sie war, auf eine verrückte Idee, die ihr selbst genial erschien. Und so rief sie, während sie mitten in der Versammlung Pirouetten drehte, aus vollem Hals:

« Ich weiß es ! »

Bei diesen Worten sahen alle sie erwartungsvoll an. Sie wussten, dass die Verrücktheit oft genial sein konnte, und deshalb wollten sie hören, was sie sagen würde. Doch sie sagte nichts, sondern lief und hüpfte weiter sinnlos herum.

« Meine Idee ist so genial, dass sie unser Problem bestimmt löst. Es wird klappen. Hi, hi, hi … »

In diesem Augenblick begann die Intrige die Anwesenden heimlich auszuhorchen und sagte:

– ¿Y ya saben cuál es esa idea que le parece tan buena a la Locura?

Pero la Locura, a quien no le importaba mucho la opinión de los otros, siguió dando botes y haciendo cabrioles. Al final dijo gritando:

– ¡La tengo! ¡Ya sé!

En eso la Intriga, que ya no podía más por tanto suspenso, comenzó a maquinar un plan para hacer que por fin la Locura les cuente su idea. Pero la curiosa Curiosidad se adelantó a ella y preguntó:

– Locura, ¿cuál es tu idea, aquella que dices que es tan buena?

Pero la Locura seguía dando brincos, uno tras otro. Cuando por fin se calmó un poco dijo:

– En realidad es solo un juego.

– ¿Y qué juego es?, volvió a preguntar la Curiosidad, aunque la Locura, loca de felicidad por su propia idea, volvió a dar saltos y parecía no querer decir más.

– Es solo un juego –al fin volvió a decir la Locura– es muy fácil y divertido, jugaremos al escondite.

Todavía más intrigada, al punto que ella misma no podía aguantar tanta intriga, la Intriga volvió a preguntar:

– ¿Al escondite …? ¿Nos dirás en qué consiste tu juego?

– Claro, es muy fácil –dijo la Locura gritando y siguió dando vueltas en torno a la ya enredada Intriga–. Uno de nosotros se pondrá a contar, de uno a cien, con los ojos vendados y de cara a un tronco muy grande. Mientras cuente todos los demás saldrán corriendo

«Und, wisst ihr schon, was das für eine Idee ist, die die Verrücktheit für so gut hält?»

Aber die Verrücktheit, die sich wenig um die Meinung anderer scherte, hüpfte weiter herum und machte Luftsprünge. Schließlich rief sie:

«Ich hab's! Ich weiß es!»

Nun begann die Intrige, die es vor lauter Spannung nicht mehr aushielt, einen Plan zu ersinnen, wie sie die Verrücktheit dazu bringen konnte, dass sie ihnen ihren Einfall erzählte. Doch die neugierige Neugier kam ihr zuvor und fragte:

«Verrücktheit, was ist das für eine Idee, von der du sagst, dass sie so gut sei?»

Doch die Verrücktheit vollführte weiter ihre Sprünge, einen nach dem anderen. Als sie sich endlich etwas beruhigt hatte, sagte sie:

«Eigentlich ist es nur ein Spiel.»

«Und was für ein Spiel ist es?», fragte die Neugier wieder, obwohl die Verrücktheit, verrückt vor Glück über ihre eigene Idee, abermals herumsprang und anscheinend nichts mehr sagen wollte.

«Es ist nur ein Spiel», wiederholte die Verrücktheit, «ein ganz einfaches und lustiges Spiel, wir werden Verstecken spielen.»

Noch ungeduldiger, so sehr, dass sie selbst die Geheimniskrämerei nicht mehr ertrug, fragte die Intrige erneut:

«Verstecken …? Sagst du uns, wie dein Spiel geht?»

«Natürlich, es ist ganz leicht», rief die Verrücktheit und hüpfte weiter um die bereits gebannte Intrige herum. «Einer von uns zählt mit verbundenen Augen, das Gesicht an einen dicken Baumstamm gelehnt, von eins bis hundert. Während er zählt, laufen

para esconderse en el lugar que puedan. Después el que cuente tendrá que buscar a los demás. Si el último al que encuentre es una virtud, entonces serán las virtudes las que habiten en los corazones de los hombres en mayor número, pero si es un vicio el último en ser encontrado, entonces los humanos tendrán más vicios que virtudes en sus corazones.

Entonces entre la multitud alguien preguntó:

– ¿Y si el que busca encuentra a una pareja de virtud y vicio?

– Hmm ... –la Locura pensó un instante porque no había reparado en esa posibilidad– muy sencillo: en ese caso se repartirán por igual.

La Creatividad que era conocida por ser la más creativa entre todas se dijo en silencio:

– ¡Qué buena idea se le ha ocurrido a esta Locura! ¿Por qué yo no la habré pensado?

Pero al verla preocupada la Envidia le dijo a la Creatividad:

– No te preocupes, al final de todo la idea no es tan buena como parece.

La Prudencia, que casi como siempre estaba acompañada de la Inteligencia, se quedó callada, y al verla otros hicieron lo mismo porque querían que la Locura se calme para terminar de contar su idea. Pero la Curiosidad, que nunca podía con su carácter, preguntó:

– ¿Y quién va a contar?

La Ternura no dejó pasar mucho y con su tierna voz propuso:

– Locura, ya que tú fuiste la de la buena idea, ¿quién mejor que tú para contar?

– Claro, yo mismo me habría pedido contar, dijo la Locura y sin decir más se puso una venda

die anderen weg und verstecken sich irgendwo. Dann muss der, der gezählt hat, die anderen suchen. Wenn der letzte, den er findet, eine Tugend ist, dann sollen die Tugenden in den Herzen der Menschen überwiegen. Wenn der, der zuletzt gefunden wird, aber ein Laster ist, dann sollen die Menschen in ihren Herzen mehr Laster als Tugenden haben.»

Da fragte jemand aus der Menge:

«Und wenn der, der sucht, zuletzt ein Paar aus Tugend und Laster findet?»

«Hmm ...» Die Verrücktheit überlegte einen Augenblick, weil sie an diese Möglichkeit nicht gedacht hatte. «Ganz einfach: In diesem Fall sollen sie gleich verteilt sein.»

Die Kreativität, die bekannt dafür war, die Einfallsreichste von allen zu sein, sprach zu sich selbst:

«Was für eine gute Idee hat diese Verrücktheit nur gehabt. Warum bin ich nicht darauf gekommen?»

Als er sie jedoch grübeln sah, sagte der Neid zur Kreativität:

«Mach dir keine Gedanken, letztlich ist die Idee gar nicht so gut, wie sie scheint.»

Die Vernunft, die wie meistens von der Intelligenz begleitet wurde, schwieg, und als die anderen das bemerkten, machten sie es ebenso, denn sie wollten, dass die Verrücktheit sich beruhigte und sie endlich erfuhren, wie es weiterging. Doch die Neugier, die nie gegen ihren Charakter ankam, fragte:

«Und wer wird zählen?»

Die Zärtlichkeit wartete nicht lange und schlug mit ihrer zärtlichen Stimme vor:

«Verrücktheit, da du es warst, die diese gute Idee hatte: Wer wäre besser zum Zählen geeignet als du?»

«Ja, ich hätte mich auch für das Zählen vorgeschlagen», sagte die Verrücktheit, und ohne ein weiteres Wort verband

en los ojos, se fue a parar frente a un tronco y empezó …

– Uno, dos, tres …

En ese momento todos se fueron corriendo para comenzar a buscar un sitio en el que esconderse.

La Justicia tomó de una mano a la Verdad –la Verdad siempre acompaña a la Justicia –, y las dos se fueron a ocultar en un río que pasaba cerca. Allí la Justicia dijo:

– Ven Verdad, nos esconderemos aquí – y al ver que las aguas eran cristalinas añadió – que no vayan a decir después que la Justicia no es clara.

Así fue que la Justicia se ocultó junto a la Verdad en el fondo del río.

La Fantasía tomó a la Ternura de la mano y las dos se fueron a esconder en las nubes. Allí la Fantasía comenzó a pintar las nubes con colores morados, rojos, rosas y azules. Es desde entonces que en el ocaso el cielo se llena de nubes de colores. La Ternura fue un poco más lejos y se sentó en la Luna, desde donde hacía nubes a las que después daba forma la Fantasía.

La Pasión y la Lujuria eligieron una cueva en una montaña con la intención de esconderse en ella. Pero cuando estuvieron dentro, las rocas comenzaron a calentarse hasta llegar a fundirse. Ellas habían hecho nacer un volcán en aquella montaña.

Y así todos los vicios y virtudes fueron escondiéndose, excepto tres.

Una era la Pereza, que así de floja como ella era, no se movió del lugar donde estaba. Como siempre cansada y casi muerta de sueño, se echó a dormir en el suelo.

sie sich die Augen, stellte sich an einen Baumstamm und fing an …

«Eins, zwei, drei …»

Im selben Augenblick rannten alle davon, um einen Ort zu suchen, an dem sie sich verstecken konnten.

Die Gerechtigkeit nahm die Wahrheit bei der Hand – die Wahrheit geht stets mit der Gerechtigkeit einher –, und beide liefen zu einem nahen Fluss. Dort sagte die Gerechtigkeit:

«Komm, Wahrheit, wir verstecken uns hier.» Und als sie das kristallklare Wasser sah, fügte sie hinzu: «Niemand soll später sagen, die Gerechtigkeit sei undurchschaubar.»

So kam es, dass die Gerechtigkeit sich zusammen mit der Wahrheit auf dem Grund des Flusses verbarg.

Die Phantasie nahm die Zärtlichkeit an der Hand, und beide versteckten sich bei den Wolken. Dann malte die Phantasie die Wolken violett, rot, rosa und blau an. Seit jener Zeit bedeckt der Himmel sich bei Sonnenuntergang mit farbigen Wolken. Die Zärtlichkeit entfernte sich noch ein Stück weiter und setzte sich auf den Mond. Dort erschuf sie neue Wolken, denen die Phantasie anschließend Gestalt gab.

Die Leidenschaft und die Wollust wählten eine Höhle auf einem Berg als Versteck. Doch sobald sie dort waren, erhitzten die Felsen sich, bis sie zu schmelzen begannen. Sie hatten den Berg in einen Vulkan verwandelt.

Und so versteckten sich sämtliche Laster und Tugenden, bis auf drei.

Eine davon war die Faulheit, die sich, schlaff wie sie war, nicht von der Stelle bewegte. Wie immer erschöpft und halb tot vor Müdigkeit, legte sie sich auf dem Boden schlafen.

La segunda era la Envidia que, envidiosa como era, antes de esconderse quería ver dónde se habían metido los otros y así poder buscar un mejor escondite.

El último que todavía no se había escondido era el Amor, y esto no era raro porque como se sabe él es muy indeciso y como tal no sabía dónde esconderse. Además es sabido lo difícil que es esconder el Amor.

Casi en el último segundo, la Envidia vio un árbol y trepó a lo alto de una de sus ramas.

–… noventa y nueve …

También en el último momento el Amor saltó y se escondió detrás de un rosal que tenía maravillosas rosas rojas pero en el que nadie se había escondido porque las rosas además de belleza, también tenían espinas.

– ¡Cien!

En ese instante la Locura se destapó los ojos, se dio la vuelta y haciendo un gran alboroto empezó con su búsqueda.

A la primera que la Locura encontró fue a la Pereza quien estaba tirada a sus pies.

– ¡Aquí está la Pereza!, dijo en voz alta.

Pero la Pereza a pesar de todo el alboroto que había siguió durmiendo sin darse cuenta de nada.

Luego encontró a la Lealtad quien, leal como era, no había abandonado ni un momento a la Locura. Después encontró a la Mentira quien por sus pies cortos no había logrado ir muy lejos para esconderse.

– ¡Aquí la Esperanza!

La Esperanza también se había escondido cerca, ella esperaba que así no sería encontrada.

Der Zweite war der Neid, der, neidisch wie er war, bevor er sich versteckte, sehen wollte, wo die anderen untergeschlüpft waren, um sich dann ein besseres Versteck zu suchen.

Die Letzte, die sich nicht versteckt hatte, war die Liebe, und darüber brauchte man sich nicht zu wundern, denn bekanntlich ist sie sehr unentschlossen und wusste daher nicht, wo sie sich verstecken sollte. Außerdem weiß jeder, wie schwierig es ist, die Liebe zu verbergen.

Fast in letzter Sekunde entdeckte der Neid einen Baum und kletterte auf einen seiner Äste.

«… neunundneunzig …»

Ebenfalls im letzten Moment machte die Liebe einen Sprung und verbarg sich in einem Rosenstrauch mit wunderschönen roten Blüten, in dem sich bis dahin niemand versteckt hatte, weil die Rosen nicht nur schön waren, sondern auch Dornen besaßen.

«Hundert!»

Im selben Augenblick nahm die Verrücktheit die Binde ab, drehte sich um und machte sich mit großem Geschrei auf die Suche.

Die Erste, die sie fand, war die Faulheit, die gleich vor ihren Füßen lag.

«Hier ist die Faulheit!», rief sie laut.

Doch ungeachtet des Lärms schlief die Faulheit weiter und bemerkte gar nichts.

Dann fand sie die Treue, die, treu wie sie war, die Verrücktheit nicht einen Moment lang allein gelassen hatte. Danach entdeckte sie die Lüge, die wegen ihrer kurzen Beine keinen weiten Weg hatte zurücklegen können, um sich zu verstecken.

«Hier ist die Hoffnung!»

Die Hoffnung hatte sich ebenfalls in der Nähe versteckt, sie hoffte, auf diese Weise nicht gefunden zu werden.

– La Ignorancia …

Pero la Ignorancia, un poco tonta como era, salió de su escondite preguntando: ¿A qué estamos jugando?

– La Gula …

A la Locura le fue fácil descubrir a la Gula porque ella comía pasteles haciendo mucho ruido. Pero a ella no le importó el ser descubierta, ella solo quería comer.

– La Soberbia …

La Soberbia salió de su escondite muy enojada y dijo:

-¿Cómo pudiste encontrarme Locura? … Está bien, al menos no soy la primera a la que has encontrado. Como sabes, yo sé esconderme muy bien …

– ¡Aquí está la Humildad!, dijo la Locura.

La Humildad salió de su escondite, se acercó a la Locura y con una tímida voz le dijo: – Ah …, discúlpame, todavía no sé como debo esconderme, además tú eres muy buena para las búsquedas.

Después, buscando por todas partes, la Locura llegó hasta la orilla del río de las aguas cristalinas en cuyo fondo creyó ver a lo lejos juntas a la Verdad y a la Justicia.

Entonces en un esfuerzo para evitar ser descubiertas, la Justicia revolvió el fondo del río porque pensó que con aguas turbias la Locura no podría verlas. Luego para evitar que las encontraran juntas le dijo a la Verdad:

– ¡Quédate aquí y no hagas nada! Yo saldré y convenceré a la Locura de que aquí yo estaba sola y de que no te he visto.

La Verdad dudó un poco, pero le hizo caso y se

« Die Unwissenheit … »

Etwas töricht, wie sie war, kam die Unwissenheit aus ihrem Versteck und fragte: « Was spielen wir eigentlich? »

« Die Völlerei … »

Der Verrücktheit fiel es leicht, die Völlerei zu finden, denn sie aß schmatzend Kuchen. Es machte ihr nichts aus, entdeckt zu werden. Das Einzige, was sie wollte, war essen.

« Der Hochmut … »

Der Hochmut kam empört aus seinem Versteck und sagte:

« Wie konntest du mich bloß finden, Verrücktheit? … Nun, wenigstens bin ich nicht der Erste, den du gefunden hast. Du weißt ja, dass ich mich sehr gut verstecken kann … »

« Hier ist die Demut! », rief die Verrücktheit.

Die Demut kam aus ihrem Versteck, trat zur Verrücktheit und sagte mit schüchterner Stimme: « Oh …, verzeih mir, ich weiß noch nicht, wie man sich richtig versteckt. Außerdem bist du sehr gut im Suchen. »

Während sie überall suchte, gelangte die Verrücktheit ans Ufer des Flusses mit dem kristallklaren Wasser, auf dessen Grund sie schemenhaft die Wahrheit und die Gerechtigkeit zu erblicken glaubte.

Um das Entdecktwerden zu verhindern, wühlte die Gerechtigkeit den Grund des Flusses auf, denn sie dachte, die Verrücktheit könne sie im trüben Wasser nicht erkennen. Und um schließlich zu vermeiden, dass sie zusammen gefunden wurden, sprach sie zur Wahrheit:

« Bleib hier und tu gar nichts. Ich werde aus dem Wasser steigen und die Verrücktheit überzeugen, dass ich hier allein war und dich nicht gesehen habe. »

Die Wahrheit zögerte kurz, aber dann willigte sie ein

quedó en el fondo del lecho del río. La Justicia corrió detrás de la Locura, pero en el momento en el que casi la había alcanzado se tropezó con una piedra y cayó al piso. Al levantarse se dio cuenta que se había lastimado una rodilla, cojeaba, pero siguió corriendo y cuando por fin alcanzó a la Locura, ésta ya se estaba alejando del río. Desde entonces se dice que la justicia tarda, pero siempre llega. Y también desde entonces no se la ve a la Verdad por ningún lado, aunque siempre está muy cerca.

Después la Locura vio un volcán nuevo. Extrañada y para no sentirse más loca de lo que ya era, la Locura fue hacia allí para verlo de cerca, subió la pendiente del volcán y se asomó al borde del cráter para observar lo que allí había: Abajo, sobre un risco, la Pasión y la Lujuria estaban tan ocupadas entre ellas que avergonzaron hasta a la loca Locura. Por eso ella dijo mirando para otro lado:

-¡Ajá ...! Ya las vi.

La Locura caminó y caminó tanto que tuvo sed. Por eso se acercó al lago donde le fue fácil encontrar a la Belleza que se miraba en la superficie del agua. Encontrar a la Duda le resultó todavía más fácil. Primero ella se había escondido entre los arbustos de una encrucijada, pero luego pensó que su escondite no era bueno y por eso salió y se quedó sentada a la vera de un camino sin decidirse adónde meterse. Después vio al horizonte en el que había nubes de colores en forma de corazones, castillos y dragones. Y se dijo la Locura:

– Esto es obra de la Fantasía. Si ella está por aquí, seguramente la Ternura también debe estar cerca.

und blieb auf dem Grund des Flussbetts. Die Gerechtigkeit stürzte hinter der Verrücktheit her, doch als sie sie fast erreicht hatte, stolperte sie über einen Stein und fiel hin. Beim Aufstehen merkte sie, dass sie sich am Knie verletzt hatte, sie hinkte, lief jedoch weiter, und als sie die Verrücktheit endlich einholte, entfernte diese sich bereits vom Fluss. Seitdem sagt man, dass die Gerechtigkeit zwar lange braucht, aber stets kommt. Und ebenfalls seit damals kann man die Wahrheit nirgendwo finden, obwohl sie stets ganz nah ist.

Danach erblickte die Verrücktheit einen neuen Vulkan. Sie wunderte sich, und weil sie sich nicht noch verrückter fühlen wollte, als sie war, begab die Verrücktheit sich dorthin, um ihn aus der Nähe zu betrachten. Sie stieg an der Flanke des Vulkans hinauf und beugte sich über den Kraterrand, um zu sehen, was es da gab: Unten, auf einem Felsen, waren die Leidenschaft und die Wollust derart miteinander beschäftigt, dass es selbst der verrückten Verrücktheit die Schamröte ins Gesicht trieb. Sie wendete den Blick ab und sagte:

«Aha ...! Ich habe sie gesehen.»

Die Verrücktheit lief und lief so lange, dass sie Durst bekam. Deshalb ging sie zum See, wo sie ohne große Mühe die Schönheit entdeckte die sich in der Wasseroberfläche betrachtete. Den Zweifel zu finden fiel ihr noch leichter. Zunächst hatte er sich an einer Kreuzung im Gebüsch versteckt, aber dann dachte er, dass sein Versteck nicht so gut sei, und kroch heraus und setzte sich ratlos an den Wegesrand, ohne sich für einen Ort entscheiden zu können. Als die Verrücktheit anschließend zum Horizont sah, erblickte sie farbige Wolken in Gestalt von Herzen, Schlössern und Drachen. Da sagte sie sich:

«Das ist das Werk der Phantasie. Wenn sie dort ist, kann die Zärtlichkeit nicht weit sein.»

Por eso la Locura subió hasta las nubes y allí encontró a la Fantasía que le contaba cuentos a la Ternura. Tan tierna le pareció la escena a la Locura que a pedido de la Prudencia decidió no molestarlas y se limitó a hacer una cruz en una nube para dejar en claro que ya las había encontrado. Y se fue.

La Locura estaba loca, pero eso no significaba que ella sea tonta. Por eso no le fue muy difícil encontrar a los vicios y virtudes en sus escondites. Así encontró a casi todas, excepto a la Envidia y el Amor, y para su desesperación no tenía ninguna idea acerca del lugar en el que podrían haberse escondido. Quiso pedir ayuda al cielo y al mirarlo descubrió a la Envidia en su escondite en lo alto de un árbol.

– ¡Ajá… ! ¡Allí está la Envidia !

En ese momento quedó claro que en los corazones de los seres humanos habrían más virtudes que vicios.

Pero eso no le importaba a la Envidia. Ella estaba muy enojada por haber sido descubierta y envidiosa de que el Amor todavía no haya sido descubierto. Se bajó del árbol y susurró al oído de la Locura señalando al rosal :

– El Amor está escondido en el rosal …

La Locura dio vueltas como loca a las zarzas, pero no descubrió al Amor, porque – como se sabe – muchas veces es difícil encontrarlo.

– Busca otra vez, está ahí, le dijo con insistencia la Envidia.

Cuando la Locura intentó apartar las zarzas del rosal con las manos, se pinchó el dedo haciéndose daño. Y es que el Amor a veces sin querer hace daño.

Deshalb stieg die Verrücktheit bis zu den Wolken hinauf und fand die Phantasie, die der Zärtlichkeit Geschichten erzählte. Die Szene erschien der Verrücktheit so zärtlich, dass sie auf Bitte der Klugheit beschloss, die beiden nicht zu stören, und nur ein Kreuz auf eine Wolke machte, um anzuzeigen, dass sie sie gefunden hatte. Dann ging sie weiter.

Die Verrücktheit mochte verrückt sein, aber das bedeutete nicht, dass sie dumm gewesen wäre. Daher fiel es ihr nicht besonders schwer, die Laster und Tugenden in ihren Verstecken aufzuspüren. Und so fand sie fast alle, bis auf den Neid und die Liebe, und zu ihrem Unglück hatte sie nicht die leiseste Idee, wo diese sich versteckt haben konnten. Sie wollte den Himmel zu Hilfe rufen, und als sie zu ihm aufschaute, entdeckte sie den Neid in seinem Versteck auf einem Baum.

« Aha … ! Dort ist der Neid ! »

In diesem Moment war klar, dass es in den Herzen der Menschen mehr Tugenden als Laster geben würde.

Aber das interessierte den Neid herzlich wenig. Er war verärgert, dass man ihn gefunden hatte, und neidisch, dass die Liebe noch nicht entdeckt worden war. Er stieg vom Baum und flüsterte, während er auf den Rosenstrauch zeigte, der Verrücktheit ins Ohr :

« Die Liebe versteckt sich im Rosenstrauch … »

Wie verrückt umkreiste die Verrücktheit das Dornengestrüpp, konnte die Liebe aber nicht entdecken, denn bekanntlich ist es oft schwer, sie zu finden.

« Sieh noch einmal nach, sie ist dort ! », sagte der Neid mit Nachdruck.

Als die Verrücktheit versuchte, die Dornen des Rosenstrauchs mit der Hand beiseite zu schieben, stach sie sich in den Finger und tat sich weh. Und tatsächlich bereitet die Liebe manchmal Schmerzen, ohne es zu wollen.

– ¡Busca bien, está ahí!, insistió la Envidia.

Entonces la Locura tomó la rama de un árbol en forma de horquilla y como loca comenzó a punzar en el rosal. Y clavó y clavó hasta que un grito desgarrador la hizo parar. Era el Amor que salió del rosal cubriéndose con las manos la cara. Tenía los ojos bañados en sangre. Con la horquilla la Locura le había pinchado en ellos y lo había dejado ciego. La Locura se desesperó: Le había sacado los ojos al Amor en vista de todos. Gritó, pidió ayuda, pero todo resultó inútil. Nadie, excepto la Esperanza que fue a pararse a su lado, le consolaba.

– Perdóname. No era mi intención – le dijo la Locura llorando al Amor –. Dime por favor, qué debo hacer para reparar el daño que te he hecho.

– Está bien –le dijo el Amor– el daño ya está hecho y no puedes repararlo. Pero si hay algo que quieras hacer para mí, sírveme de lazarillo para caminar por el mundo en el futuro.

Desde entonces el Amor es ciego y está siempre acompañado por la Locura.

«Sieh genau nach, sie ist dort», beharrte der Neid.

Da nahm die Verrücktheit einen gabelförmigen Ast und begann, wie verrückt auf den Rosenstrauch einzustechen. Sie stach und stach, bis ein herzzerreißender Schrei sie innehalten ließ. Es war die Liebe, die aus dem Rosenstrauch kam und mit den Händen ihr Gesicht bedeckte. Aus ihren Augen strömte Blut. Die Verrücktheit hatte ihr die Astgabel in die Augen gespießt und sie geblendet. Die Verrücktheit war verzweifelt: Vor allen anderen hatte sie der Liebe die Augen ausgestochen. Sie schrie und flehte um Hilfe, aber es war vergeblich. Niemand außer der Hoffnung, die zu ihr trat, tröstete sie.

«Vergib mir. Das war nicht meine Absicht», sagte die Verrücktheit weinend zur Liebe. «Sag mir bitte, was kann ich tun, um den Schaden, den ich dir zugefügt habe, wiedergutzumachen?»

«Lass nur», sagte die Liebe, «der Schaden ist nun mal angerichtet, und du kannst ihn nicht wiedergutmachen. Aber wenn du etwas für mich tun willst, dann sei mein Blindenführer, der mit mir in Zukunft durch die Welt zieht.»

Seitdem ist die Liebe blind und wird stets von der Verrücktheit begleitet.

La leyenda del maíz

De las tradiciones mexicanas

Hace muchos años los antepasados de los aztecas se alimentaban solo de raíces y animales. En ese entonces no tenían maíz. Ese cereal, más tarde tan nutritivo y valioso para ellos, estaba lejos de su alcance, escondido detrás de unas altas y lejanas montañas.

Los dioses preocupados se preguntaban qué comerían los hombres para sobrevivir. Entonces los dioses intentaron abrir el camino para llegar al lugar donde se encontraba el maíz, pero por más que con su colosal fuerza una y otra vez intentaron destruir las montañas, no lograron que los hombres obtengan el maíz.

Entonces los aztecas acudieron a Quetzalcóatl a quien le expusieron el problema. El dios, cuyo nombre significa «serpiente emplumada», escuchó a los aztecas y con su voz de trueno les respondió:

– ¡Yo se lo traeré!

Los otros dioses habían fracasado en su intento de abrir un paso a las montañas con su fuerza. Quetzalcóatl ya sabía eso, por eso no se esforzó en separar aquellos montes. El vio a una hormiga roja que tenía un grano de maíz a la que le preguntó dónde lo había obtenido.

– Lo traigo del monte de sustento, dijo la hormiga.

Entonces Quetzalcóatl se transformó a sí mismo en una hormiga negra y guiado por la hormiga roja se fue con rumbo a las montañas. El camino estaba plagado de obstáculos, pero él siguió adelante, pensando solo en el bienestar que con el grano

Die Legende vom Mais

Aus der mexikanischen Überlieferung

Vor vielen Jahren ernährten die Vorfahren der Azteken sich nur von Wurzeln und Tieren. Damals hatten sie noch keinen Mais. Diese Pflanze, die später so nahrhaft und wertvoll für sie sein würde, befand sich außerhalb ihrer Reichweite, verborgen hinter fernen, hohen Bergen.

Die besorgten Götter überlegten, was die Menschen essen sollten, um am Leben zu bleiben. Sie versuchten, einen Weg zu dem Ort zu bahnen, wo der Mais wuchs. Doch so sehr die Götter auch ein ums andere Mal mit ihrer gewaltigen Kraft gegen das Gebirge anstürmten, sie konnten den Menschen keinen Zugang zu der Pflanze verschaffen.

Darauf begaben die Azteken sich zu Quetzalcóatl und trugen ihm das Problem vor. Der Gott, dessen Name «gefiederte Schlange» bedeutet, hörte die Azteken an und antwortete ihnen mit seiner Donnerstimme:

«Ich werde euch den Mais bringen.»

Die anderen Götter waren daran gescheitert, gewaltsam einen Durchlass in das Gebirge zu brechen. Quetzalcóatl wusste das und mühte sich deshalb nicht damit ab, die Berge zur Seite zu schieben. Als er eine rote Ameise erblickte, die ein Maiskorn trug, fragte er sie, woher sie es habe.

«Ich habe es vom Vorratshügel», sagte die Ameise.

Da verwandelte Quetzalcóatl sich selbst in eine schwarze Ameise und machte sich unter Führung der roten Ameise auf den Weg ins Gebirge. Der Weg war voller Hindernisse, doch Quetzalcóatl ging immer weiter und dachte dabei allein an den Wohlstand, den er seinem Volk

podía dar a su pueblo. El dios sintió cansancio y las dificultades parecían interminables, pero no se dio por vencido.

Cuando llegó al lugar donde estaba el maíz, vio que los campos estaban colmados de enormes tallos que de altos parecían tocar el cielo. Como Quetzalcóatl se había trasformado en hormiga, solo tomó un grano entre sus mandíbulas. Luego emprendió el camino de regreso acompañado por la hormiga roja.

Quetzalcóatl llevó el grano de maíz a los otros dioses y luego lo entregó a los indígenas quienes estaban muy sorprendidos porque de Quetzalcóatl recibieron solo un grano.

– Aquí está lo que les he prometido. Siémbrenlo y cuídenlo, les dijo.

Los hombres plantaron la semilla en tierra fértil y de un grano obtuvieron el maíz, que luego volvieron a sembrar y cosechar. Con el tiempo el grano les permitió volverse fuertes y acumular riqueza. Entonces construyeron ciudades, palacios y templos.

Desde aquel tiempo los aztecas pudieron vivir felices, agradeciendo y venerando al dios Quetzalcóatl, a quien llamaban el dios amigo de los hombres.

mit diesem Korn bringen konnte. Der Gott kämpfte mit der Erschöpfung, die Schwierigkeiten schienen kein Ende zu nehmen, aber er gab nicht auf.

Als er dorthin kam, wo der Mais wuchs, sah er Felder aus riesigen Stängeln, die so hoch waren, dass sie fast den Himmel berührten. Da er die Gestalt einer Ameise hatte, nahm Quetzalcóatl nur ein einzelnes Korn zwischen seine Kiefer. Dann trat er gemeinsam mit der roten Ameise den Rückweg an.

Erst zeigte Quetzalcóatl den Mais den anderen Göttern, anschließend übergab er ihn den Menschen, die sich wunderten, weil sie von ihm nur ein einzelnes Korn erhielten.

« Hier ist, was ich euch versprochen habe. Sät es aus und versorgt es gut », sagte er.

Die Azteken legten den Samen in fruchtbare Erde, und aus dem einen Korn gewannen sie neuen Mais, den sie wieder aussäten und ernteten. Mit der Zeit ließ das Korn sie erstarken und Reichtümer anhäufen. Sie bauten Städte, Paläste und Tempel.

Von da an lebte das Volk glücklich, voller Dank und Verehrung für den Gott Quetzalcóatl, den es den menschenfreundlichen Gott nannte.

La leyenda de la planta de coca

Adaptado de una recopilación hecha por
Antonio Díaz Villamil (1897–1948)

El legado de los dioses puede ser bueno para unos y malo para otros, según el uso que los seres humanos le den a esos dones. Ese es el caso de la hoja de coca, una planta que para los pueblos de la América morena es un regalo de dios, pero que para otros se ha convertido en un objeto de ambición y degeneración.

En el centro de Sudamérica cuentan que en el tiempo en el que llegaron los conquistadores españoles comenzó una época de sufrimiento para los pueblos que hasta ese entonces vivían en armonía con la naturaleza.

Los habitantes de esas regiones habían creído que su dios blanco y sus mensajeros habían regresado, pero cuando fueron a recibirlos cayeron en la cuenta que quienes habían llegado eran ambiciosos conquistadores.

El encuentro del inca con los conquistadores en Cajamarca y la posterior masacre ocurrida en aquel lugar marcó el inicio de un tiempo oscuro. En esa batalla el inca había sido capturado y aunque pagó oro y plata por su rescate fue asesinado.

El imperio que había existido en la región estaba derrotado. Los conquistadores cubiertos de hierro, cabalgando sobre corceles y lanzando mortales rayos de sus armas de fuego, arrasaron las ciudades, profanaron los templos y saquearon cuanto objeto de valor aparecía ante sus ojos.

El pueblo que hasta entonces había sido dueño y señor de fructíferas tierras e ingentes riquezas, cayó en la miseria y sufrió nuevas y desconocidas enfer-

Die Legende von der Kokapflanze

Nach einer Sammlung des bolivianischen Schriftstellers Antonio Díaz Villamil (1897–1948)

Das Vermächtnis der Götter kann den einen nützen und den anderen schaden, je nachdem, wie die Menschen dieses Erbe gebrauchen. So ist es im Fall der Kokapflanze, die für die Völker des dunkelhäutigen Amerikas ein Geschenk Gottes bedeutet, für andere jedoch einen Gegenstand der Gier und des sittlichen Verderbens darstellt.

In Südamerika wird erzählt, dass mit der Ankunft der spanischen Eroberer für die Völker, die bis dahin im Einklang mit der Natur gelebt hatten, eine Zeit des Leidens anbrach.

Die Einwohner jener Gebiete glaubten, ihr weißer Gott und seine Gesandten seien zurückgekehrt, doch bei der Begrüßung merkten sie, dass die Ankömmlinge habgierige Eroberer waren.

Die Begegnung des Inka-Herrschers mit den Spaniern in Cajamarca und das anschließende Gemetzel dort kennzeichneten den Beginn einer düsteren Epoche. Bei dieser Schlacht war der Inka-Herrscher gefangengenommen worden, und obwohl er Gold und Silber als Lösegeld bezahlte, wurde er ermordet.

Das Reich der Inka, das über Jahrhunderte in dieser Gegend bestanden hatte, war besiegt. Die in Eisen gehüllten Eroberer, die auf Streitrössern ritten und tödliche Blitze aus ihren Feuerwaffen schleuderten, zerstörten die Städte, entweihten die Tempel und raubten alle Wertgegenstände, die ihnen unter die Augen kamen.

Das Volk, das bis dahin Herr fruchtbarer Ländereien und ungeheurer Reichtümer gewesen war, geriet dadurch in Elend und erlitt neue, unbekannte Krankheiten.

medades. Aymaras, quechuas y otras naciones pasaban luto por la muerte de sus padres, hijos o hermanos y pedían ayuda a sus dioses. Pero nadie, ni en el cielo ni en la tierra, se compadecía ni les ayudaba.

Cuando los conquistadores saqueaban los templos, un viejo sacerdote llamado Kjana-Chuyma logró huir de de los invasores. El anciano, quien servía a su dios en un templo de la Isla del Sol y a quien sus hermanos llamaban *yatiri* (sabio), no podía defenderse de los opresores, pero a pesar de eso estaba decidido a impedir que los preciados bienes cayeran en poder de los conquistadores. Por eso en varios viajes puso a salvo parte de los tesoros del templo en un lugar del margen este del lago Titicaca y luego se quedó en las cercanías para ver si los españoles se aproximaban.

Un día ellos aparecieron en el camino. Los conquistadores iban en dirección al lugar donde él se encontraba y ante el riesgo de que los tesoros caigan en manos de los invasores, sin dudar ni perder un instante, tomó todas las riquezas y las arrojó al lago, en un lugar que él consideraba como el más profundo.

Los españoles, que ya sabían que el sacerdote se había llevado los tesoros del templo, creían que solo los había escondido en algún lugar para ellos desconocido. Al ser capturado el anciano se limitó a decirles que el tesoro era de su dios y no debía ser entregado a la codicia de los hombres. Después no dijo ninguna otra palabra, a pesar de que los españoles lo torturaron de diversas maneras hasta dejarlo agonizante. Cuando por fin los invasores se convencieron que no lograrían que el anciano les revele su secreto, lo abando-

Aymara, Quechua und andere Völker betrauerten den Tod ihrer Väter, Söhne, Brüder und baten die Götter um Beistand. Aber niemand, weder im Himmel noch auf der Erde, erbarmte sich ihrer und half ihnen.

Während die Spanier die Tempel plünderten, gelang es einem alten Priester namens Kjana-Chuyma, vor den Eindringlingen zu fliehen. Der Alte, der seinem Gott in einem Tempel der Isla del Sol diente und den seine Glaubensbrüder *yatiri*, den Weisen, nannten, konnte sich nicht gegen die Unterdrücker wehren. Doch er wollte verhindern, dass die kostbaren Güter den Eroberern zufielen. Deshalb brachte er auf mehreren Reisen einen Teil des Tempelschatzes am östlichen Ufer des Titicacasees in Sicherheit und blieb dann in der Nähe, um zu beobachten, ob die Spanier dort auftauchten.

Eines Tages sah er sie kommen. Die Eroberer marschierten direkt auf den Ort zu, an dem er sich befand, und angesichts der Gefahr, dass ihnen die Schätze in die Hände fielen, nahm er, ohne auch nur einen Augenblick zu verlieren, sämtliche Kostbarkeiten und warf sie an einer Stelle, die er für die tiefste hielt, in den See.

Die Spanier, die bereits wussten, dass der Priester die Schätze aus dem Tempel fortgebracht hatte, glaubten, er habe sie lediglich an einem ihnen unbekannten Ort versteckt. Bei seiner Gefangennahme beschränkte der Alte sich darauf, ihnen mitzuteilen, dass der Schatz seinem Gott gehöre und nicht der Habsucht der Menschen ausgeliefert werden dürfe. Danach sagte er kein Wort mehr, obwohl die Spanier ihn mit unterschiedlichen Methoden folterten, bis er das Bewusstsein verlor. Als die Eroberer schließlich begriffen, dass es ihnen nicht gelingen würde, dem Alten sein Geheimnis zu entrei-

naron y se fueron a buscar el tesoro por sus propios medios.

Más tarde Kjana-Chuyma fue rescatado por otros indígenas, pero las heridas de las torturas le condenaban a una lenta y dolorosa agonía.

Una noche el anciano, en medio de la fiebre, soñó que el Sol, su dios, aparecía por detrás de una montaña y le decía:

– Hijo mío, has resguardado los objetos de mi templo a costa de grandes sacrificios y sufrimiento. No era tu obligación, pero lo hiciste y por eso mereces una recompensa. Pídeme lo que quieras y, si está a mi alcance, yo te lo daré.

– ¿Qué otra cosa puedo yo pedirte, que no sea la salvación de mi pueblo y el exterminio de los invasores?, respondió el anciano.

– Hijo, no puedo hacer lo que tú me pides. Mi poder no puede hacer nada contra ellos; su dios y sus ambiciones me han quitado mis dominios. Ahora, al igual que ustedes, también yo debo huir y refugiarme, pero antes de irme quiero darte algo que todavía pueda, dijo el Sol.

– Dios mío, si tan poco poder tienes, debo pensar con mucho cuidado lo que voy a pedirte. Dame vida hasta que lo decida, pidió Kjana-Chuyma.

– De acuerdo, pero debes darte prisa. No tienes más tiempo que el que pasa una luna, le dijo el Sol y el anciano despertó de su sueño.

En esos días llegó a la región en la que el anciano agonizaba un grupo de indígenas que había logrado huir de la opresión de los invasores. El grupo había atravesado el lago en balsas de

ßen, ließen sie ihn liegen und machten sich selbst auf die Suche.

Später wurde Kjana-Chuyma von anderen Einheimischen mitgenommen, doch die Wunden der Folterungen verurteilten ihn zu einem langen, schmerzhaften Siechtum.

Eines Nachts träumte Kjana-Chuyma im Fieber, dass die Sonne, sein Gott, hinter einem Berg auftauchte und zu ihm sprach:

«Mein Sohn, du hast große Opfer und Leiden auf dich genommen, um die Gegenstände aus meinem Tempel zu bergen. Das war nicht deine Pflicht, aber du hast es getan, und deshalb verdienst du eine Belohnung. Bitte mich, worum du willst, ich werde es dir gewähren, so es in meiner Macht steht.»

«Worum soll ich dich bitten, wenn nicht um die Rettung meines Volkes und die Auslöschung unserer Feinde?», antwortete der Alte.

«Mein Sohn, ich kann nicht tun, worum du mich bittest. Meine Macht vermag nichts gegen sie. Ihr Gott und ihre Habgier haben mich meines Reiches beraubt. Genau wie ihr muss ich jetzt fliehen und mich verstecken. Doch bevor ich fortgehe, möchte ich dir etwas gewähren, zu dem ich noch fähig bin», sagte die Sonne.

«Gott, wenn du nur noch so wenig Macht hast, muss ich sehr gründlich nachdenken, worum ich dich bitte. Lass mich weiterleben, bis ich mich entschieden habe», bat Kjana-Chuyma.

«Einverstanden, aber du musst dich beeilen. Dir bleibt nicht mehr Zeit als die Dauer eines Mondes», sagte die Sonne, und der Alte erwachte aus seinem Traum.

In diesen Tagen kam eine Gruppe Einheimischer, denen die Flucht aus der Knechtschaft der Eroberer gelungen war, in die Gegend, wo der Alte im Sterben lag. Die Gruppe hatte den See auf Flößen aus Schilfrohr überquert, um am öst-

totora para refugiarse en el lado oriental. Allí encontraron a Kjana-Chuyma, uno de los sabios más queridos del destruido imperio, y al verlo agonizar lloraron impotentes en torno a su lecho de muerte. Pero más triste estaba el anciano, aunque no por sí mismo. Él moriría ya pronto y con la muerte se acabarían sus sufrimientos, pero no el del grupo de refugiados y sus familias. Para ellos apenas había comenzado una etapa de dolor que se prolongaría por muchos años.

En ese momento se acordó de la promesa que el Sol le hizo en su sueño y de inmediato supo qué le pediría. Debía ser un bien que pudiera ser como una herencia para los suyos, pero sin ser ni oro ni otro tipo de riqueza para que no pueda ser apropiado por los conquistadores. Lo que le pediría debía ser un medio que sirva de consuelo para su pueblo.

Al caer la noche el anciano rezó al Sol escuchar lo que iba a pedirle. Minutos más tarde el moribundo anciano se levantó del camastro en el que estaba postrado y movido por una fuerza desconocida caminó en dirección al naciente hacia la cima de una lejana montaña que en media noche estaba iluminada por una extraña luz.

Allí una voz le dijo al anciano:

– Hijo mío, he escuchado tu plegaria. Entiendo que tú quieres para tus hermanos un calmante para los dolores y un energético para que puedan soportar las fatigas.

– Sí. Te lo pido para que ellos tengan algo con que resistir los sufrimientos que les esperan. Es lo único que te pido y después podré morir en paz.

lichen Ufer Zuflucht zu suchen. Dort fanden sie Kjana-Chuyma, einen der am meisten verehrten Weisen des untergegangenen Reiches, und als sie ihn im Sterben liegen sahen, weinten sie hilflos an seinem Totenbett. Der Alte war noch trauriger als sie, wenn auch nicht um seiner selbst willen. Er würde schon bald sterben, und mit dem Tod hätte sein Leid ein Ende, anders als das der Flüchtlinge und ihrer Familien. Für sie hatte eine Zeit des Schmerzes, die noch viele Jahre andauern würde, gerade erst begonnen.

In diesem Augenblick erinnerte er sich an das Versprechen, das die Sonne ihm in seinem Traum gegeben hatte, und plötzlich wusste er, worum er sie bitten würde. Es musste ein Gut sein, das für die Seinen wie ein Erbe wäre, aber es durfte kein Gold oder irgendein anderer Wertgegenstand sein, damit die Eroberer ihn sich nicht aneignen konnten. Worum er sie bitten würde, musste etwas sein, was seinem Volk als Trost dienen sollte.

Als die Nacht hereinbrach, betete der Alte zur Sonne, seine Bitte anzuhören. Wenig später erhob sich der sterbende Greis von der Pritsche, auf der er gelegen hatte, und ging, von einer unbekannten Kraft getrieben, in östlicher Richtung bis auf den Gipfel eines fernen Berges, der mitten in der Nacht durch ein merkwürdiges Licht erhellt wurde.

Dort sprach eine Stimme zu ihm:

«Mein Sohn, ich habe deine Bitte gehört. Ich verstehe sie so, dass du für deine Brüder ein Mittel möchtest, das die Schmerzen stillt und zugleich Kraft spendet, um die Strapazen zu ertragen.»

«Ja, ich bitte dich darum, denn sie sollen etwas haben, das ihnen hilft, die zu erwartenden Leiden auszuhalten. Es ist das Einzige, worum ich dich bitte. Danach kann ich in Frieden sterben.»

– Lo tendrás. Mira en tu entorno. Mira esas plantas de pequeñas y ovaladas hojas verdes. Es lo que tú me pediste para tus hermanos. Cuídenlas. Arranquen las hojas, pero no dañen los tallos. Con ellas tendrán alimento y recibirán consuelo. Déjenlas secar. Másquenlas y tendrán nuevas fuerzas para el trabajo. Másquenlas y los caminos les parecerán breves y pasajeros. Másquenlas y podrán soportar una vida de oscuridad. Tómenlas como un talismán contra el sufrimiento. Lancen un puñado de ellas al aire y podrán consultarme o encontrar respuestas a las preguntas que aflijan su espíritu. Hagan una infusión con ellas y les servirá como medicamento para los males del cuerpo. Másquenlas en grupo y se adormecerá la pena de sus almas y tendrán la ilusión de ser felices.

– Pero si esa hoja es tan milagrosa, los conquistadores también querrán arrebatárnosla …

– No. Si los invasores se atreven a utilizar como ustedes esas hojas, les sucederá lo contrario. La hoja les traerá a ustedes fuerza y los secretos de la vida, pero para ellos será la fuente de un vicio repugnante que les llevará la muerte. Para ustedes será un alimento espiritual; a ellos les provocará idiotez y locura.

Cuando terminó de hablar, la extraña claridad desapareció y el anciano quedó solo en la cumbre de la montaña. Pero poco después fue rodeado de los indígenas que lo habían seguido. Ellos habían visto la claridad, pero no escucharon nada. Llevaron al anciano de regreso hasta la choza que le servía de refugio. Allí otros fugitivos conocedores del milagro de la montaña se habían reunido para acompañar a su querido sacerdote.

«Du sollst es bekommen. Blicke dich um, und sieh dir diese Pflanzen mit den kleinen ovalen Blättern an. Das ist, worum du mich für deine Brüder gebeten hast. Pflegt sie gut. Pflückt die Blätter, aber reißt nicht die Stiele ab. Damit werdet ihr Nahrung haben und Trost empfangen. Lasst sie trocknen. Kaut sie, und ihr werdet neue Kräfte für die Arbeit haben. Kaut sie, und die Wege werden euch kurz und leicht erscheinen. Kaut sie, und ihr werdet ein Leben in Dunkelheit ertragen können. Nehmt sie als einen Schutz gegen das Leiden. Werft eine Handvoll von ihnen in die Luft, und ihr könnt meinen Rat einholen oder Antworten auf die Fragen finden, die euren Geist quälen. Macht aus ihnen einen Aufguss, und er wird euch als Medizin gegen die Krankheiten des Körpers dienen. Kaut sie gemeinsam, und der Kummer eurer Seelen wird nachlassen, und ihr werdet euch glücklich fühlen.»

«Aber wenn diese Pflanze so wundertätig ist, werden die Fremden sie uns ebenfalls wegnehmen wollen ...»

«Nein. Wenn die Eindringlinge wagen, die Blätter so zu verwenden wie ihr, wird mit ihnen das Gegenteil geschehen. Euch gibt die Pflanze Kraft und offenbart euch die Geheimnisse des Lebens, für sie aber wird sie zur Quelle eines abscheulichen Lasters, das ihnen den Tod bringt. Für euch ist sie geistige Nahrung, bei ihnen bewirkt sie Dummheit und Irrsinn.»

Als die Stimme schwieg, verschwand das merkwürdige Leuchten, und der Alte blieb allein auf dem Gipfel zurück. Kurz darauf aber sah er sich von den Menschen umringt, die ihm gefolgt waren. Sie hatten die Helligkeit gesehen, aber nichts gehört. Sie brachten den Alten zurück in die Hütte, die ihm als Unterschlupf diente. Dort hatten sich andere Flüchtlinge, die von dem Wunder auf dem Berg erfahren hatten, versammelt, um ihrem geliebten Priester Beistand zu leisten.

Unos días después, a la hora en la que la aurora empezaba a iluminar la tierra, Kjana-Chuyma sintió que tenía pocos momentos de vida y por eso llamó a sus paisanos a quienes les repitió todo cuanto había visto y oído en la montaña.

– No olviden todo cuanto les digo. Cultiven esa planta. Es el regalo de dios y la herencia que les dejo. Cuídenla y consérvenla, les dijo y luego inclinó su cabeza sobre el pecho.

Tras la muerte del sacerdote sus seguidores lo velaron por tres días con sus noches, sin separarse del lecho de muerte, y a la hora de darle sepultura eligieron la cima de la montaña en la que el anciano tuvo su encuentro con el Sol. Allí fueron y enterraron el cuerpo de su sacerdote. El lugar donde Kjana-Chuyma fue inhumado estaba cercado por unas pequeñas plantas verdes hasta ese entonces desconocidas. Fue en ese momento que los indígenas se acordaron de lo que Kjana-Chuyma les había dicho antes de morir. Cada uno de ellos tomó un puñado de las hojas ovaladas y se pusieron a masticarlas.

Entonces a medida que masticaban las hojas, sintieron que la pena que los acongojaba comenzaba a adormecerse ...

Einige Tage danach, als die Morgenröte das erste Licht auf die Erde schickte, fühlte Kjana-Chuyma, dass er nur noch kurze Zeit zu leben hatte, und so rief er seine Landsleute zu sich und wiederholte ihnen alles, was er auf dem Berg gesehen und gehört hatte.

«Vergesst nichts von dem, was ich euch sage. Baut diese Pflanze an. Sie ist ein Geschenk Gottes und das Erbe, das ich euch hinterlasse. Pflegt und bewahrt sie», sagte er und ließ den Kopf auf die Brust sinken.

Nach dem Tod des Priesters trauerten seine Anhänger drei Tage und drei Nächte lang an seinem Sterbebett, und als die Zeit kam, ihn zu bestatten, wählten sie dafür den Gipfel des Berges, auf dem er der Sonne begegnet war. Sie gingen hinauf und begruben den Körper ihres Priesters. Die Stelle, wo Kjana-Chuyma begraben wurde, war von kleinen grünen, bis dahin unbekannten Pflanzen umgeben. In diesem Moment erinnerten die Leute sich an das, was Kjana-Chuyma ihnen vor seinem Tod gesagt hatte. Jeder von ihnen nahm eine Handvoll der ovalen Blätter, und sie fingen an, sie zu kauen.

Und während sie die Blätter kauten, spürten sie, dass der sie bedrückende Kummer allmählich verflog …

La leyenda de la papa

De la tradición oral boliviana

Hace miles de años había un pueblo pacífico en el centro de Sudamérica. Este pueblo vivía en una región rodeada de montañas coronadas de nieve, al sur de un lago de aguas cristalinas. La zona era rica en recursos naturales. La naturaleza, a la que llamaban Pachamama y a la que veneraban como a su madre divina, era generosa con ellos a la hora de entregar frutos. Al vivir en armonía con la naturaleza obtenían buenas cosechas lo que a su vez les permitía gozar del bienestar que da el fruto del trabajo. Creían que su dios Wiracocha había sido bondadoso con ellos dándoles la gracia de vivir en una especie de paraíso y por eso también eran bondadosos con sus vecinos. Al considerar que todos los hombres eran iguales, ellos no tenían ejércitos; ellos creían en la fuerza de la justicia y de la bondad. Pero no todos los hombres pensaban igual.

Al norte había un pueblo que víctima de la erupción de un volcán tuvo que huir de sus dominios, abandonando sus pertenencias.

Informados del bienestar y de la generosidad de los *paca jaqis* (hombres de las alturas), fueron a sus campos en busca de alimentos. En las primeras visitas los hombres de las alturas dieron con gusto alimentos de sus reservas a sus necesitados vecinos. Pero después de algunos años se negaron a seguir entregando alimentos a cambio de nada. Entonces los hombres del norte, el pueblo que después del desastre se había convertido en guerrero, tomó las armas y robó a los *paca jaqis* toda su cosecha.

Die Legende von der Kartoffel

Aus der mündlichen Überlieferung Boliviens

Vor Tausenden von Jahren gab es im Herzen Südamerikas ein friedliches Volk. Dieses Volk lebte in einem Gebiet, das von schneebekrönten Bergen umgeben war, am Südufer eines Sees mit kristallklarem Wasser. Das Land besaß viele natürliche Reichtümer. Wenn die Zeit kam, Früchte zu spenden, war die Natur, die die Menschen Pachamama nannten und als ihre göttliche Mutter verehrten, großzügig zu ihnen. Da sie in Eintracht mit der Natur lebten, erzielten sie gute Ernten, was ihnen wiederum ermöglichte, den Wohlstand zu genießen, der sich rechtschaffener Arbeit verdankt. Sie glaubten an die Güte ihres Gottes Wiracocha, der ihnen die Gnade gewährt hatte, in einer Art Paradies zu leben, und deshalb waren auch sie selbst gütig zu ihren Nachbarn. Da sie davon ausgingen, dass alle Menschen gleich seien, hatten sie keine Armee. Sie glaubten an die Kraft der Gerechtigkeit und der Güte. Aber nicht alle Menschen dachten so wie sie.

Im Norden gab es ein Volk, das infolge eines Vulkanausbruchs aus seinem Gebiet fliehen und seine Habe zurücklassen musste.

Da sie vom Wohlstand und der Großzügigkeit der *paca jaqis*, der Leute aus dem Hochland, wussten, gingen sie auf der Suche nach Essbarem zu ihnen. Bei den ersten Besuchen gaben die Leute aus dem Hochland ihren bedürftigen Nachbarn gern von ihren Vorräten. Aber nach ein paar Jahren weigerten sie sich, weiter Lebensmittel abzugeben, ohne etwas dafür zu bekommen. Daraufhin ergriff das Volk aus dem Norden, das nach der Katastrophe kriegerisch geworden war, die Waffen und raubte den *paca jaqis* die gesamte Ernte.

El despojo se sucedió luego año tras año, dejando a los pacíficos hombres en la pobreza. Para los invasores el robo ya no estaba motivado en la sobrevivencia, sino en el enriquecimiento y aún así no les era suficiente. Ellos tomaron los campos y, después de someter a sus dueños, los obligaron a trabajar en condición de esclavos. Al intentar organizarse en un ejército para expulsar a los invasores, éstos los descubrieron y agravaron las penurias de los hombres de las alturas.

Una noche los más ancianos del pueblo decidieron acudir a su dios para clamar por justicia.

– Dios en su bondad nos ha dado bienestar. Si nos preparamos para la guerra, podremos tener victorias, pero a costa de nuevos sufrimientos. Nuestro dios odia la injusticia, no dejará impunes a los invasores, dijeron.

Después imploraron ayuda a Wiracocha, su dios barbado. Ellos querían del dios ayuda para poder defenderse de los ataques y también le pedían que él imponga su justicia a los invasores.

En medio de sus oraciones, escucharon la voz de su dios:

– Regresen a sus campos. Allí encontrarán semillas redondas. Siémbrenlas, les dijo Wiracocha y desapareció.

Al amanecer, cuando fueron a sus campos para trabajar, encontraron las semillas. Eran una especie de pequeñas bolitas que sembraron ante la mirada atenta de los invasores. De las semillas brotaron más tarde plantas con hojas alanzadas verdes y después flores blancas, hasta entonces desconocidas.

Der Vorgang wiederholte sich Jahr für Jahr und stürzte die friedliebenden Menschen in Armut. Für die Eindringlinge ging es bei dem Raub nicht mehr ums Überleben, sondern um bloße Bereicherung. Und selbst dann bekamen sie nicht genug. Sie nahmen das Land, und nachdem sie seine Besitzer unterworfen hatten, zwangen sie sie, Sklavenarbeit zu leisten. Als die Leute aus dem Hochland ein Heer aufstellen wollten, um die Eindringlinge zu vertreiben, entdeckten diese den Plan und unterdrückten sie noch härter.

Eines Nachts beschlossen die Ältesten des Volkes, ihren Gott aufzusuchen und von ihm Gerechtigkeit zu erbitten.

«Gott in seiner Güte hat uns Wohlstand geschenkt. Wenn wir uns für den Krieg rüsten, können wir Siege erringen, aber um den Preis neuer Leiden. Unser Gott hasst die Ungerechtigkeit, er wird die Eindringlinge nicht ungestraft lassen», sagten sie.

Danach beteten sie zu Wiracocha, ihrem bärtigen Gott. Sie erflehten seine Hilfe, damit sie sich gegen die Angriffe verteidigen konnten, und baten ihn außerdem, über die Eindringlinge Gericht zu halten.

Mitten im Gebet vernahmen sie die Stimme ihres Gottes:

«Kehrt zurück auf eure Felder. Dort werdet ihr runde Samen finden. Pflanzt sie ein», sagte Wiracocha und verschwand.

Als sie am Morgen zur Arbeit auf ihre Felder gingen, fanden sie die Samen. Es waren eine Art kleine Kugeln, die sie unter den aufmerksamen Blicken der Eindringlinge in die Erde brachten. Aus den Samen wuchsen später Pflanzen mit lanzettförmigen grünen Blättern und weißen Blüten, wie man sie noch nie zuvor gesehen hatte.

Pero cuando creyeron que los campos estaban listos para la cosecha, los invasores tomaron todas las hojas y los tallos, sin dejar nada para el agobiado pueblo. Entonces ellos volvieron a acudir a Wiracocha y le dijeron:

– Querido dios, te hemos pedido ayuda y nos diste unas semillas nuevas que hemos plantado. Pero los invasores otra vez se han llevado toda la cosecha. ¿Cómo podremos ahora alimentar a nuestros hijos?

– Regresen a sus campos y escarben el suelo. Allí van a encontrar alimento y semilla para ustedes, sus hijos y los hijos de sus hijos. En cuanto a los invasores, su ambición será su perdición, les respondió Wiracocha y volvió a esfumarse.

Al regresar a los campos y escudriñar bajo el suelo los *paca jaqis* encontraron unos tubérculos de color marrón claro que ahora se conocen como papas y desde entonces se convirtieron en la base de su alimentación, para ellos, sus hijos y los hijos de sus hijos.

En cuanto a los invasores, después de que ellos hubieron comido las hojas y los tallos de la planta de papa, entre ellos hubo una gran mortandad debido a un veneno, la solanina, contenido en las plantas. Debilitados ya no pudieron ejercer su dominio sobre los hombres de las alturas y al final fueron expulsados de las ricas regiones.

Hoy en día la papa es la base alimenticia de millones de personas en el mundo.

Doch als sie glaubten, die Felder seien reif für die Ernte, holten die Invasoren sich sämtliche Blätter und Stängel und ließen nichts für das geknechtete Volk übrig. Also suchten die Ältesten abermals Wiracocha auf und sprachen zu ihm:

«Geliebter Gott, wir haben dich um Hilfe gebeten, und du gabst uns neuartige Samen, die wir anbauten. Doch die Eindringlinge haben uns wieder die ganze Ernte weggenommen. Wie sollen wir jetzt unsere Kinder ernähren?»

«Kehrt zurück auf eure Felder und grabt den Boden um. Dort werdet ihr Nahrung und Samen finden, für euch, eure Kinder und die Kinder eurer Kinder. Was aber die Eindringlinge betrifft, so wird ihre Gier ihr Untergang sein», antwortete Wiracocha und löste sich wieder in Luft auf.

Als sie auf ihre Felder zurückkehrten und den Boden durchsuchten, fanden die *paca jaqis* hellbraune Knollen, die man inzwischen als Kartoffeln kennt und die seither zur Grundlage ihrer Ernährung wurden, für sie, ihre Kinder und die Kinder ihrer Kinder.

Was die Eindringlinge betrifft, so starben viele von ihnen, nachdem sie die Blätter und Stängel der Kartoffelpflanze gegessen hatten, an einem darin enthaltenen Gift, dem Solanin. Geschwächt wie sie waren, konnten sie ihre Herrschaft über die Leute aus dem Hochland nicht mehr aufrechterhalten und wurden schließlich aus den fruchtbaren Gebieten vertrieben.

Heute ist die Kartoffel die Nahrungsgrundlage für Millionen Menschen auf der Welt.

La leyenda de Quetzalcóatl

De las tradiciones mexicanas

Hace muchos años, en Michatlaco, un « lugar de aguas con peces », cerca del actual pueblo de Amatlán de Morelos, vivía un matrimonio de sacerdotes. Ellos no tenían hijos, pero a diario rogaban al cielo les conceda uno, aunque ya eran viejos. Un día Ometeotl, el dios creador, escuchó las súplicas de los dos ancianos y los bendijo con una hija a quien llamaron Chimalma, nombre que significa « mano que escuda ». La niña creció y se convirtió en una hermosa joven. Pero ella no hizo las labores femeninas, sino que se hizo guerrera.

Un día Mixcóatl, un rey guerrero de Culhuacan y cuyo nombre significa « tempestad », llegó a esas tierras toltecas. Al ver a Chimalma quiso flecharla, pero sus cuatro intentos fueron inútiles. La joven escapó. Ofendido el rey tomó prisioneros a los pobladores de Michatlaco. Para ser liberados los ancianos pidieron a Chimalma que se entregue a Mixcóatl y cuando ella así lo hizo, el monarca decidió desposarla.

Por orden del rey ella fue encerrada en un templo donde debía permanecer hasta el día de la boda. Ella solía ir a bañarse en la fuente de una caverna ubicada en las cercanías del templo. Un día en el interior de la fuente vio una hermosa piedrecilla de jade. Pero cuando quiso recogerla un pez se le adelantó, tomó el precioso objeto y lo entregó a la joven. Ella tomó la piedra y quiso llevarla debajo de su lengua, pero sin darse cuenta se la tragó – y quedó embarazada.

Die Legende von Quetzalcóatl

Aus der mexikanischen Überlieferung

Vor langer Zeit lebte in Michatlaco, einer «Gegend mit fischreichen Gewässern», unweit des heutigen Dorfes Amatlán de Morelos, ein Priesterehepaar. Sie hatten keine Kinder, und obwohl sie schon alt waren, baten sie den Himmel täglich darum, ihnen eines zu schenken. Eines Tages erhörte Ometeotl, der Schöpfergott, das Flehen der beiden Alten und segnete sie mit einer Tochter, der sie den Namen Chimalma gaben, was «schützende Hand» bedeutet. Das Mädchen wuchs zu einer schönen jungen Frau heran, die sich jedoch nicht für die weiblichen Arbeiten interessierte, sondern eine Kriegerin wurde.

Eines Tages kam Mixcóatl, ein kriegerischer König aus Culhuacan, dessen Name «Sturm» bedeutet, ins Land der Tolteken. Als er Chimalma erblickte, wollte er sie mit seinem Pfeil töten, aber er schoss viermal daneben. Die junge Frau entkam. Wütend nahm der König die Bewohner von Michatlaco gefangen. Damit er sie freiließ, baten die beiden Alten Chimalma, dass sie sich dem Fremden ergeben solle, und als sie das tat, beschloss Mixcóatl, sie zu heiraten.

Auf Befehl des Königs wurde sie in einen Tempel eingeschlossen, in dem sie bis zum Tag der Hochzeit bleiben sollte. Zum Baden benutzte sie eine Quelle in einer Höhle nahe dem Tempel. Eines Tages entdeckte die junge Frau im Wasser der Quelle einen schönen Jadestein. Aber als sie sich danach bückte, kam ihr ein Fisch zuvor, schnappte den kostbaren Gegenstand und gab ihn ihr. Sie nahm den Stein und legte ihn unter ihre Zunge, verschluckte ihn jedoch versehentlich und wurde schwanger.

Con el tiempo los síntomas del embarazo se hicieron visibles. Entonces Mixcóatl se enfureció y hasta quiso ordenar la muerte de Chimalma. Sin embargo el rey consultó a un oráculo. Éste le dijo cómo se había embarazado. Con el nacimiento del niño llegará a la tierra la esencia del cielo, dijo el oráculo. Esa revelación alegró al rey. Después él desposó a la joven, a quien luego envió a casa de sus padres, reconoció al niño como suyo y lo declaró heredero del trono.

Pero el anuncio del rey enfureció a sus hermanos Solton y Kuilton, devorador y usurpador, porque ellos querían heredar el trono. Enceguecidos por la ira confabularon, emboscaron y asesinaron a Mixcóatl. Luego usurparon el trono para ejercerlo supuestamente solo hasta que el declarado heredero alcance la mayoría de edad. Pero Solton y Kuilton quisieron matar al niño y con este fin enviaron a dos parteras que supuestamente asistirían a la madre en el parto.

El niño nació en la caverna donde Chimalma había recibido la piedrecilla del pez. Pero la madre murió. Entonces las parteras arrojaron al niño sobre un maguey para que las espinas lo atravesaran; pero el maguey destiló su miel y alimentó al niño durante la noche. Después lo arrojaron en un hormiguero para que las hormigas devoraran al niño; pero las hormigas lo acomodaron sobre un lecho y lo alimentaron con masa de maíz. Luego lo arrojaron en un manantial de agua. « Esta vez morirá », dijeron las parteras al ver como la corriente arrastraba al niño; pero se mantuvo todo el tiempo a flote y fue depositado por la corriente sobre la orilla de arena, lugar del que fue rescatado y luego

Mit der Zeit ließen sich die Anzeichen ihrer Schwangerschaft nicht mehr übersehen. Mixcóatl tobte und wollte Chimalma sogar hinrichten lassen. Vorher aber befragte er ein Orakel. Dieses teilte ihm mit, auf welche Weise seine Braut schwanger geworden war. Mit der Geburt des Kindes wird das höchste Gut des Himmels auf die Erde kommen, sprach das Orakel. Die Prophezeiung freute den König, er heiratete die junge Frau, schickte sie zu seinen Eltern, erkannte das Kind als sein eigenes an und erklärte es zum Thronerben.

Doch diese Ankündigung des Königs empörte seine Brüder Solton und Kuilton, den Verschlinger und den Usurpator, denn sie beanspruchten den Thron für sich. Blind vor Zorn zettelten sie eine Verschwörung an, lauerten Mixcóatl auf und ermordeten ihn. Dann rissen sie die Macht an sich, vorgeblich, um sie nur so lange auszuüben, bis der offizielle Erbe volljährig war. Solton und Kuilton wollten das Kind jedoch töten, und zu diesem Zweck schickten sie zwei Hebammen, die so tun sollten, als würden sie der Mutter Beistand leisten.

Das Kind kam in derselben Höhle zur Welt, in der Chimalma von dem Fisch den kleinen Stein erhalten hatte. Seine Mutter aber starb bei der Geburt. Die Hebammen warfen das Kind auf eine Agave, damit es von den Dornen durchbohrt würde, doch die Agave sonderte ihren Saft ab und ernährte das Kind während der Nacht. Dann warfen sie es auf einen Ameisenhaufen, damit die Ameisen das Kind auffressen sollten, doch die Ameisen legten es auf ein Lager und ernährten es mit Maispaste. Endlich warfen sie es in einen Bach. «Diesmal wird es sterben», sagten die Hebammen, als sie sahen, wie die Strömung das Kind mit sich nahm, doch dieses hielt sich die ganze Zeit an der Oberfläche, und das Wasser trug es ans sandige Ufer. Dort wurde es gerettet und zu

entregado a sus abuelos. Ellos llamaron al niño Ce Ácatl Topiltzin.

Cuando el príncipe tenía catorce años, los usurpadores del trono lo invitaron a visitar Tula para supuestamente consagrar un templo dedicado al honor de Mixcóatl, su padre. Pero su verdadera intención era matarlo.

Al llegar a la ciudad Ce Ácatl Topiltzin fue recibido por Solton y Kuilton. Ellos le preguntaron por qué su abuelo, el sacerdote, no había viajado con él. El joven les explicó que su abuelo ya era muy viejo para viajar. En ese caso, dijeron sus tíos, él debería dirigir la ceremonia, pero debía llegar con un ocelote, un águila y un lobo. Le habían puesto esa condición con la intención de que las fieras maten al joven en la cacería. Pero el joven no cazó a los animales, sino que los llamó y luego regresó a Tula con ellos.

Sus tíos se enfurecieron cuando lo vieron llegar. Entonces tramaron un nuevo plan para matarlo: hacerlo rodar por las escaleras cuando él suba al templo para celebrar la ceremonia. Pero Ce Ácatl pidió a los topos y tejones construir un camino secreto que lo conduzca hasta la cima de la pirámide. Y ellos atendieron el pedido. Al siguiente día los tíos se enfadaron cuando lo vieron ya en la cima del templo. Ellos también subieron, pero con la intención de matar al joven. En el templo Solton se abalanzó sobre Ce Ácatl, pero este tomó un vaso de piedra con el que lo golpeó. Kuilton también se lanzó sobre el joven, pero los animales lo atacaron y lo despedazaron. Entonces Ce Ácatl arrojó sus restos al fuego que él antes había invocado.

Después de esos incidentes el príncipe regresó a casa de sus abuelos. Luego ellos lo enviaron a

seinen Großeltern gebracht. Sie nannten das Kind Ce Ácatl Topiltzin.

Als der Prinz vierzehn Jahre alt war, luden die Thronräuber ihn nach Tula ein, angeblich um einen seinem Vater Mixcóatl gewidmeten Tempel einzuweihen. In Wahrheit aber wollten sie ihn ermorden.

Bei seiner Ankunft in der Stadt wurde Ce Ácatl Topiltzin von Solton und Kuilton empfangen. Sie fragten ihn, warum sein Großvater, der Priester, nicht mit ihm gekommen sei. Der Junge erklärte ihnen, dass sein Großvater schon zu alt zum Reisen sei. In dem Fall, sagten seine Onkel, solle er die Zeremonie leiten, aber dafür benötige er einen Ozelot, einen Adler und einen Wolf. Sie stellten ihm diese Bedingung mit dem Hintergedanken, dass die wilden Tiere ihn auf der Jagd töten sollten. Aber der Junge jagte die Tiere gar nicht, sondern rief sie zu sich, und so kehrte er mit ihnen nach Tula zurück.

Seine Onkel tobten, als sie ihn kommen sahen. Darauf schmiedeten sie einen neuen Mordplan: Sie wollten ihn die Treppenstufen hinabstürzen lassen, wenn er zum Tempel hinaufsteigen würde, um die Zeremonie zu feiern. Doch Ce Ácatl bat die Maulwürfe und Dachse, einen geheimen Weg zur Spitze der Pyramide zu graben. Und sie erfüllten seine Bitte. Am nächsten Tag ärgerten die Onkel sich, als sie ihn bereits oben vor dem Tempel erblickten. Sie stiegen ebenfalls hinauf, allerdings mit dem Ziel, den Jungen zu töten. Im Tempel fiel Solton über Ce Ácatl her, doch der nahm ein Gefäß aus Stein und erschlug ihn damit. Auch Kuilton stürzte sich auf den Jungen, aber die Tiere griffen ihn an und zerrissen ihn. Dann warf Ce Ácatl die Überreste der Thronräuber ins Feuer, das er zuvor heraufbeschworen hatte.

Nach diesen Ereignissen kehrte der Prinz heim zu seinen Großeltern. Bald darauf schickten sie ihn nach

Xochicalco para ser instruido por los sacerdotes de Quetzalcóatl. Allí el joven hizo siete años de penitencia, luego fue llevado a la guerra contra Culhuacan y Cholula en la que combatió valientemente durante otros siete años. Después fue enviado a Tulancingo para ser preparado como gobernador del pueblo. En esa ciudad aprendió a buscar la divinidad en su interior mediante la meditación. Al cuarto año fueron a buscarlo los toltecas. Ellos lo ungieron como sacerdote de Quetzalcóatl y también lo entronizaron como rey en Tula.

Bajo el gobierno del rey-sacerdote Tula disfrutó de abundancia y sus pobladores de felicidad. Ce Ácatl difundió las artes y las técnicas entre su población. Él llevó a Tula a sabios que, conocedores de las estrellas, podían interpretar los sueños y reformó el calendario. Escribir libros y cuidarlos fue una muy importante actividad bajo el gobierno de Ce Ácatl. En las casas no faltaba el alimento. Cultivaban algodón y disfrutaban de sabrosos cacaos. Ce Ácatl desarrolló el arte de los mosaicos y las pinturas, además que refinó la cerámica. En su tiempo había piedras preciosas de tanto valor que el oro no valía tanto como ellas. Más tarde el rey-sacerdote extendió sus dominios y envió embajadores a tierras lejanas. Ce Ácatl fue proclamado como juez supremo y señor único de los reinos.

Con todo su esplendor Ce Ácatl no se olvidaba del dios creador y hacía penitencias por si fuera el caso que su pueblo haya pecado. Él hablaba a diario con Senteol, el dios supremo que era impalpable e invisible. El sacerdote-rey también hablaba con su pueblo, escuchaba sus pedidos e impartía justicia.

Xochicalco, wo er von den Priestern Quetzalcóatls unterwiesen werden sollte. Dort tat der junge Mann sieben Jahre Buße, dann wurde er in den Krieg gegen Culhuacan und Cholula entsandt, in dem er weitere sieben Jahre tapfer kämpfte. Im Anschluss daran schickte man ihn nach Tulancingo, um ihn auf die Regierungsgeschäfte vorzubereiten. In dieser Stadt lernte er, durch Meditation das Göttliche in seinem Innern zu suchen. Am Ende des vierten Jahres holten die Tolteken ihn wieder zurück, weihten ihn zum Quetzalcóatl-Priester und setzten ihn auf den Königsthron von Tula.

Unter der Herrschaft des Priesterkönigs wurde Tula reich, und seine Einwohner lebten glücklich. Ce Ácatl brachte seinem Volk verschiedene Künste und Techniken bei. Er holte kluge Männer nach Tula, die als Sternenkundige die Träume zu deuten wussten, und gestaltete den Kalender neu. Das Schreiben und Bewahren von Büchern wurde unter seiner Herrschaft zu einer ungemein wichtigen Tätigkeit. In den Häusern fehlte es nicht an Nahrung. Man baute Baumwolle an und trank köstlichen Kakao. Ce Ácatl entwickelte die Mosaikkunst und die Malerei und verfeinerte die Keramik. In seiner Amtszeit gab es Edelsteine, die wertvoller waren als Gold. Später erweiterte der Priesterkönig sein Herrschaftsgebiet und schickte Gesandte in ferne Länder. Schließlich wurde Ce Ácatl zum obersten Richter und einzigen Herrn aller Königreiche ausgerufen.

Trotz seines Erfolges vergaß Ce Ácatl nicht den Schöpfergott und tat Buße für den Fall, dass sein Volk gesündigt hatte. Täglich sprach er mit Senteol, dem höchsten Gott, den man weder berühren noch sehen konnte. Gleichwohl redete der Priesterkönig aber auch mit seinem Volk, hörte seine Anliegen an und ließ Gerechtigkeit walten.

Pero Tezcatlipoca, el dios oscuro, quien gobernaba sobre gran parte de la tierra, quería destruir la obra de Ce Ácatl. El dios negro, a quien también llamaban el espejo humeante, tentó a los toltecas: Adoptó diferentes personalidades, transformó su cuerpo en los animales y hasta se hizo pasar por una ramera. Así convenció a los toltecas para que hicieran cosas repugnantes.

En las fronteras se establecieron pueblos incivilizados que introdujeron un nuevo culto con sacrificios humanos. El iniciador de ese culto era el mismo Tezcatlipoca. Con diversos ardides y argucias había intentado convencer a Ce Ácatl de que aceptara esos crueles sacrificios. Pero el sacerdote-rey siempre los rechazó. Él amaba a su pueblo.

Por esos pecados los toltecas comenzaron a sufrir desgracias. Los habitantes comenzaron a sufrir hambre y otras calamidades, además que apareció una serie de señales que provocó la desconfianza en el rey. Ce Ácatl fue responsabilizado por las desgracias que agobiaban al pueblo.

Finalmente Tezcatlipoca urdió un plan para destruir a Ce Ácatl definitivamente. Disfrazado de anciano un día le llevó al rey un espejo encantado. Cuando el monarca se miró en el espejo, vio que tenía orejas muy grandes y que sus ojeras estaban hundidas. Era tan feo que ya no parecía un ser humano, sino un conejo ensangrentado. Ce Ácatl gritó aterrorizado y decidió encerrarse en su palacio para que su pueblo nunca más lo viera.

Luego Tezcatlipoca y su ayudante Ce Tecpatl fueron a visitar al rey llevándole diversos platos

Doch Tezcatlipoca, der dunkle Gott, der über weite Teile der Erde herrschte, wollte das Werk von Ce Ácatl zerstören. Der schwarze Gott, der auch der rauchende Spiegel genannt wurde, führte die Tolteken in Versuchung. Er nahm wechselnde Gestalten an, verwandelte seinen Körper in den von Tieren oder gab sich sogar als Dirne aus. So brachte er die Tolteken dazu, abscheuliche Dinge zu tun.

Unzivilisierte Völker ließen sich an den Grenzen des Reiches nieder und brachten einen neuen Kult mit, bei dem Menschen geopfert wurden. Der Wegbereiter dieses Kultes war Tezcatlipoca selbst. Mit zahllosen Tricks und Kniffen versuchte er immer wieder, Ce Ácatl zur Übernahme der furchtbaren Opferpraxis zu bewegen. Aber der Priesterkönig lehnte das ab. Er liebte sein Volk.

Doch wegen all ihrer Vergehen zogen die Tolteken zunehmend Unheil auf sich. Die Menschen wurden von Hungersnöten und anderen Übeln heimgesucht, und es mehrten sich Zeichen, die das Vertrauen in den König erschütterten. Man machte ihn für dieses Unheil verantwortlich.

Zu guter Letzt schmiedete Tezcatlipoca einen Plan, um Ce Ácatl endgültig zu vernichten. Eines Tages brachte er in der Gestalt eines alten Mannes dem König einen verzauberten Spiegel. Als der Herrscher sich in diesem Spiegel betrachtete, sah er, dass er riesige Ohren und tiefe Augenringe hatte. Er war so hässlich, dass er keinem Menschen mehr ähnelte, sondern einem blutigen Kaninchen. Entsetzt schrie Ce Ácatl auf und beschloss, sich in seinem Palast einzuschließen, damit ihn sein Volk nie wieder erblickte.

Dann suchten Tezcatlipoca und sein Helfer Ce Tecpatl den König auf und brachten ihm verschiedene Teller mit

de comida además de una bebida embriagante que estaba hecha con leche de maguey.

«¿Acaso es ésta una bebida que embriaga a la gente y da muerte a los hombres?», dijo el rey, pero a pesar de su inicial negativa la bebió. Cuando estuvo embriagado cantó y se acordó de Quetzalpétlatl, una sacerdotisa que vivía recluida en un templo para mujeres. El rey ordenó llevarla a su presencia. Al llegar ésta al lugar donde estaba Ce Ácatl, se embriagaron ambos y cuando ya estuvieron borrachos se olvidaron que eran ascetas y pecaron.

A la mañana siguiente Ce Ácatl se sintió inmundo e indigno para seguir dirigiendo Tula. Al mismo tiempo Tezcatlipoca difundía la noticia de la embriaguez del rey provocando un escándalo entre la población. Esa fue la ocasión para que algunos ministros partidarios del dios negro pudieran decidir la expulsión del rey. Ce Ácatl aceptó la decisión y tras despedirse de sus amigos pidió que le preparen una caja mortuoria. El quería suicidarse, se encerró en la caja, pero no murió. Entonces decidió alejarse, pero antes de partir pidió a sus amigos y seguidores que oculten los tesoros, liberó las aves de sus palacios y ordenó quemar los libros. Cuando Ce Ácatl partió a su exilio con él se fueron sus seguidores. Después el exiliado rey vivió entre los mayas – quienes lo llamaban Kukulkan – en Chichen Itza y Uxmal y visitó varios pueblos en los que lo veían como si él fuera un dios. En sus peregrinaciones él predicaba amor y sanaba enfermos.

Pero un día llegó hasta las orillas del mar. Allí pidió a sus seguidores erguir un templo de leña.

Speisen sowie ein berauschendes Getränk, das aus dem Saft der Agave gebraut war.

«Ist dies etwa ein Getränk, das die Menschen berauscht und ihnen den Tod bringt?», fragte der König. Aber trotz seiner anfänglichen Abneigung trank er es. Als er betrunken war, begann er zu singen und erinnerte sich an Quetzalpétlatl, eine Priesterin, die in einem Frauentempel lebte. Der König befahl, sie zu ihm zu bringen. Nachdem sie bei Ce Ácatl eingetroffen war, tranken sie gemeinsam, und als sie beide betrunken waren, vergaßen sie ihr Keuschheitsgelübde und sündigten.

Am nächsten Morgen fühlte Ce Ácatl sich unrein und unwürdig, Tula weiter zu regieren. Zugleich verbreitete Tezcatlipoca die Nachricht von der Trunkenheit des Königs und sorgte bei der Bevölkerung für Empörung. Damit bot sich einigen Ministern, die Anhänger des schwarzen Gottes waren, die Gelegenheit, die Absetzung des Königs zu beschließen. Ce Ácatl akzeptierte die Entscheidung, und nachdem er sich von seinen Freunden verabschiedet hatte, bat er sie, einen Sarg für ihn vorzubereiten. Er wollte sich selbst töten und legte sich in den Sarg. Aber er starb nicht. Da beschloss er fortzugehen, doch bevor er aufbrach, bat er seine Freunde und Gefolgsleute, ihre Reichtümer zu verstecken, ließ die Vögel aus seinen Palästen frei und befahl, alle Bücher zu verbrennen. Als Ce Ácatl ins Exil ging, folgten ihm seine Anhänger. Der vertriebene König lebte daraufhin in Chichen Itza und Uxmal bei den Maya, die ihn Kukulkan nannten, und besuchte viele Orte, in denen er wie ein Gott verehrt wurde. Auf seinen Pilgerreisen predigte er die Liebe und heilte Kranke.

Eines Tages jedoch kam er ans Ufer des Meeres. Dort bat er seine Gefolgsleute, einen Tempel aus Brennholz zu

Una vez éste estuvo listo se despidió de ellos, les hizo algunas recomendaciones y después él declaró ser Quetzalcóatl, el dios blanco. Luego ordenó a sus seguidores encender la pira. Ellos vistieron a Ce Ácatl con un manto bordado, sus insignias de plumas, su máscara de turquesas y un báculo y cuando al fin él estuvo del todo ataviado, encendieron la pira y el sacerdote exiliado se entregó al fuego. Se quemó hasta convertirse en cenizas.

Mientras se quemaba, las cenizas se elevaron muy alto en el cielo y luego se convertían en aves, ya sea de color rojo, turquesa y otras de todos los colores. Y cuando Quetzalcóatl terminó de quemarse, se produjo un fuerte estruendo y luego se vio salir de las cenizas su corazón que también se elevó hacia el cielo. Allí se convirtió en la estrella que brilla en el alba y que hoy se la conoce como el planeta Venus.

Sus seguidores lo lloraron cuatro días, al término de los cuales repartieron en la tierra lo que todavía quedaba de sus cenizas.

Cuatro años después Quetzalcóatl volvió a caminar entre los suyos para dejarles algunas recomendaciones, entre ellas la de prohibir los sacrificios humanos, dar comida a los necesitados, elegir como líder al más humilde del pueblo y buscar la paz.

Luego se dirigió hacia el mar, arrojó allí su manto bordado con serpientes – flotó en el agua como si fuera una canoa –, subió en él y antes de partir con rumbo al punto en el que nace el sol les prometió volver un día. En ese día el maligno se extinguiría para siempre y el pueblo podría vivir en paz. Tras esto desapareció.

errichten. Als dieser fertig war, verabschiedete er sich von ihnen und erteilte ihnen einige Ratschläge. Er verkündete, dass er Quetzalcóatl sei, der weiße Gott. Dann befahl er seinen Anhängern, den Scheiterhaufen zu entzünden. Sie kleideten Ce Ácatl in einen bestickten Umhang, gaben ihm seine Insignien aus Federn, seine mit Türkisen verzierte Maske und einen Stab, und als er schließlich vollständig geschmückt war, entzündeten sie den Scheiterhaufen, und der Priester im Exil vertraute sich dem Feuer an. Er verbrannte, bis nur noch Asche übrig war.

Während der Verbrennung stiegen Ascheflocken zum Himmel hinauf und verwandelten sich in Vögel, manche rot, manche türkisfarben und andere bunt. Als Quetzalcóatl ganz verbrannt war, ertönte ein lauter Donner. Aus der Asche sah man sein Herz auftauchen und ebenfalls zum Himmel emporsteigen. Dort wurde aus ihm der Morgenstern, den man heute als den Planeten Venus kennt.

Seine Gefolgsleute beweinten ihn vier Tage lang und verstreuten nach deren Ablauf, was von seiner Asche geblieben war.

Vier Jahre später erschien Quetzalcóatl inmitten der Seinen, um ihnen erneut Ratschläge zu erteilen, darunter den, die Menschenopfer abzuschaffen, die Bedürftigen zu speisen, die bescheidenste Person aus dem Volk zum Führer zu wählen und nach Frieden zu streben.

Dann wandte er sich dem Meer zu, warf seinen mit Schlangen bestickten Umhang ab – er schwamm auf dem Wasser, als wäre er ein Kanu –, stieg darauf, und bevor er in Richtung Sonnenaufgang davonfuhr, versprach er seinen Anhängern, eines Tages zurückzukehren. An jenem Tag werde der Böse für immer sterben, und das Volk könne in Frieden leben. Anschließend segelte er fort.

En 1519, cientos de años después, por la costa en la que Quetzalcóatl o Kukulkan, como lo llamaron los mayas, había desaparecido, llegaron los primeros conquistadores españoles. Los aztecas creyeron que era el dios blanco que regresaba y ese fue el principio de una tragedia.

1519, Hunderte Jahre später, gelangten die ersten spanischen Eroberer an die Küste, von der Quetzalcóatl oder Kukulkan, wie die Maya ihn nannten, abgelegt hatte. Die Azteken glaubten, es sei der weiße Gott, der zurückkehre, und das war der Beginn einer Tragödie.

La leyenda de Anahí

De las tradiciones orales argentinas

Hace muchos años vivía en las cercanías del río Paraná Anahí, una joven guaraní. Ella tenía una voz tan hermosa que hasta los pájaros callaban cuando ella cantaba. Anahí era pacífica, amable y de buen corazón. Conocía casi todos los rincones de la espesura, los pantanos y los ríos; conocía también los pájaros, los animales, los árboles y las flores. La muchacha amaba a su tierra y para deleite de su pueblo solía cantar canciones inspiradas en sus dioses. Con su canto Anahí llenaba de vida a su pueblo, y a casi nadie le importaba que ella no tenía un rostro agraciado.

Por ese tiempo llegaron a esas tierras grupos de hombres en busca de tesoros que los pueblos de esa región tenían: los conquistadores españoles. Codiciosos e inhumanos, arrasaban con todo lo que encontraban a su paso, disparando a diestra y siniestra, saqueando tesoros, y destruyendo vidas.

La tribu de Anahí intentó defenderse tanto como pudo contra los invasores. Sin embargo sus armas y sus fuerzas no significaban nada frente a las armas de fuego y las corazas de los conquistadores. Anahí vio morir a sus seres queridos: Habían sido asesinados a sangre fría. Entonces ella se mostró con una otra faceta, hasta entonces desconocida en ella: Se convirtió en una audaz guerrera que defendía a su tierra, a su pueblo. A pesar de su frágil y pequeño cuerpo, ella luchó contra el más fuerte de los invasores que querían

Die Legende von Anahí

Aus der mündlichen Überlieferung Argentiniens

Vor vielen Jahren lebte in der Nähe des Flusses Paraná Anahí, ein junges Mädchen vom Volk der Guaraní. Ihre Stimme war so schön, dass selbst die Vögel verstummten, wenn sie sang. Anahí war sanft, liebenswürdig und hatte ein gutes Herz. Sie kannte fast jede Stelle des dichten Waldes, der Sümpfe und der Flüsse, und sie kannte auch die Vögel und alle anderen Tiere, die Bäume und die Blumen. Das Mädchen liebte seine Heimat, und zur Freude seines Volkes sang es oft Lieder über dessen Götter. Mit ihrem Gesang erfüllte Anahí das Dorf mit Leben, und kaum jemanden störte es, dass sie kein besonders hübsches Gesicht hatte.

Zu dieser Zeit kamen immer wieder Gruppen von Männern auf der Suche nach Schätzen ins Land, die die Völker jenes Gebiets aufgehäuft haben sollten. Das waren die spanischen Eroberer. Habsüchtig und unmenschlich, verwüsteten sie alles, was ihnen auf ihrem Weg begegnete. Sie schossen wahllos um sich, plünderten und töteten.

So gut er konnte, versuchte Anahís Stamm, sich gegen die Eindringlinge zur Wehr zu setzen. Doch ihre Waffen und Kräfte vermochten nichts gegen die Feuerwaffen und die Rüstungen der Eroberer. Anahí sah ihre Liebsten sterben, kaltblütig wurden sie ermordet. Da offenbarte sie eine andere Seite, die man bisher nicht an ihr gekannt hatte: Sie wandelte sich zu einer kühnen Kriegerin, die ihre Heimat und ihr Volk verteidigte. Trotz ihres zarten und zierlichen Körpers kämpfte sie noch gegen den Stärksten der Eroberer, die ihrem Volk den Wald, die Flüsse, das Land und die Freiheit rauben wollten. In den Gefechten

adueñarse de su selva, de sus ríos, de su tierra y su libertad. En los combates ella peleaba con decisión y valentía, despertando la admiración no solo de defensores sino también de agresores.

Un día, cuando ella estaba de regreso a su refugio, fue apresada por los invasores y llevada cautiva junto a otros guerreros. Al ser conocida por su valentía y su irreductible ansia de libertad, la joven de la dulce voz fue atada y llevada a rastras. Ágil como era, ella intentó librarse de sus carceleros; pero sus intentos fueron inútiles. Pasó algunas noches enteras llorando y muchas veces sin poder dormir. Una noche cantó de manera tan cautivante que su centinela descuidó la vigilancia para disfrutar la melodiosa voz. En un momento de descuido Anahí, con todas las fuerzas que tenía, le asestó un violento golpe con un palo que pudo tomar. El celador quedó mal herido y ella huyó del lugar. Intentó ocultarse entre los árboles, pero no logró ir muy lejos.

Alertados por el agonizante centinela, los españoles persiguieron a la pequeña guerrera quien poco después volvió a caer en manos de sus perseguidores. Tras su recaptura fue declarada culpable de haber matado a un hombre y por eso condenaron a Anahí a morir en una hoguera. Con la sentencia los que se llamaban conquistadores querían escarmentar a quienes peleaban por su libertad. Además creían que Anahí era una hechicera que encantaba a sus oyentes con su canto.

Esa noche Anahí fue atada a un tronco cerca a las orillas del río. Por orden de los invasores a los pies de la joven guerrera fue apilada leña en la que luego encendieron fuego. No tardó mucho hasta que

stritt sie mit Mut und Entschlossenheit und weckte so nicht nur die Bewunderung der Verteidiger, sondern auch der Angreifer.

Eines Tages wurde sie bei der Rückkehr in ihren Unterschlupf von den Spaniern ergriffen und zusammen mit anderen Kriegern gefangengenommen. Da sie für ihren Mut und ihren unbeugsamen Freiheitswillen bekannt war, wurde die junge Frau mit der schönen Stimme gefesselt und mitgeschleppt. Geschickt wie sie war, versuchte sie, ihren Bewachern zu entkommen, aber alle Bemühungen waren vergeblich. Sie weinte ganze Nächte lang und konnte oft keinen Schlaf finden. In einer Nacht sang sie jedoch auf solch betörende Weise, dass der Wächter seine Pflicht vernachlässigte, um ihrer klangvollen Stimme zu lauschen. In einem Moment der Unaufmerksamkeit verpasste Anahí ihm mit aller Kraft einen gewaltigen Schlag mit einem Stück Holz, das sie zu fassen bekam. Der Wächter brach zusammen, und sie lief davon. Sie versuchte, sich zwischen den Bäumen zu verbergen, doch sie kam nicht weit.

Von dem tödlich verletzten Wachmann alarmiert, stürzten die Spanier hinter der zarten Kriegerin her, und wenig später fiel sie ihren Verfolgern wieder in die Hände. Nach der erneuten Gefangennahme wurde Anahí für schuldig befunden, einen Mann getötet zu haben, und man verurteilte sie zum Tod auf dem Scheiterhaufen. Mit diesem Urteil wollten die Eroberer all jene abschrecken, die für ihre Freiheit kämpften. Außerdem glaubten sie, Anahí sei eine Zauberin, die ihre Zuhörer mit ihrem Gesang betöre.

An jenem Abend wurde Anahí an einen Baumstamm nahe dem Flussufer gebunden. Auf Befehl der Eroberer wurde zu Füßen der jungen Kriegerin Feuerholz aufgehäuft und angezündet. Es dauerte nicht lange, bis die

las llamas alcanzaron el cuerpecito de la joven guerrera; comenzó a arder con llamas de un intenso color rojo. Pero para sorpresa de los invasores ella ni pidió piedad ni gritó por desesperación, sino comenzó a cantar una canción que parecía una oración por su tierra o un canto por la libertad. Su dulce voz fue escuchada por última vez y fue apagándose a medida que el fuego quemaba el cuerpo de Anahí. Ella había sido quemada viva.

Al amanecer del día siguiente, cuando el humo de la hoguera se hubo disipado, los invasores quedaron asombrados al ver el árbol en el que la joven guerrera había sido quemada. El tronco se había convertido en un árbol cubierto de flores de un rojo intenso, el mismo color de las flamas de la hoguera que envolvieron a la joven. El tronco del árbol tenía formas que recordaba a las llamas que en la noche anterior habían danzado sobre el cuerpo de la guerrera.

El árbol fue conocido luego como el ceibo que para ese pueblo se convirtió en el símbolo de las ansias de libertad.

Hoy el ceibo es el árbol y la flor nacional de Argentina y Uruguay.

Flammen Anahís zarten Körper erreichten. Als sie zu brennen begann, färbten die Flammen sich leuchtend rot. Doch zur Verwunderung der Eindringlinge flehte sie nicht um Erbarmen und stieß auch keine Schreie der Verzweiflung aus. Stattdessen sang sie ein Lied, das wie ein Gebet für ihr Land oder ein Lob der Freiheit klang. Zum letzen Mal ertönte ihre sanfte Stimme, und sie verlosch in dem Maße, wie das Feuer Anahís Körper verzehrte. Sie verbrannte bei lebendigem Leib.

Als der Rauch des Scheiterhaufens sich am nächsten Morgen verzogen hatte, standen die Eindringlinge staunend vor dem Baum, an dem die junge Kriegerin verbrannt worden war. Der Stumpf hatte sich in einen Baum voller leuchtend roter Blüten verwandelt, von derselben Farbe wie das Feuer, das die junge Frau eingehüllt hatte. Und auch die Gestalt des Stamms erinnerte an die Flammen, die in der Nacht zuvor den Körper der Kriegerin umtanzt hatten.

Den Baum nannte man später Ceibo, und für die Guaraní wurde er zum Symbol ihres Strebens nach Freiheit.

Heute ist der Ceibo mit seinen Blüten das Wahrzeichen Argentiniens und Uruguays.

La leyenda de Pachacamac

Basado en la ‹Crónica moralizada del orden de San Agustín en el Perú con sucesos ejemplares en esta monarquía› de Antonio de la Calancha (1631)

Cuentan los antiguos habitantes de los Andes que al principio Pachacamac, cuyo nombre significa « el que da ánima al mundo universo », creó el mundo e hizo un hombre y una mujer. Pero como el mundo estaba vacío y no había alimentos para ellos, el hombre murió de hambre.

Sola, la mujer que no sabía quien era su creador deambuló por el mundo buscando comida, pero cansada de buscar a diario alimento en medio de espinas y raíces un día imploró ayuda al Sol. Le dijo:

– Amado creador del universo, ¿por qué me trajiste a la luz del mundo si solo habría de ser para que viva en la pobreza y padezca hambre? ¿No te acordarás de que me criaste de la nada? ¿Terminaré mis días en la misma forma como llegué a este mundo, viviré sola en él, sin hijos, pobre y afligida? ¿Por qué, oh Sol, si tú nos criaste, nos consumes? ¿Cómo, siendo el que reparte luces, te muestras tan miserable conmigo y me niegas el sustento? Tú no pareces ser piadoso, porque ni te compadeces de los afligidos ni ayudas a los desdichados que criaste. Permite, oh creador, que me mate el cielo con un rayo o que la tierra me trague y así acabe esta trabajosa vida, o sálvame benigno, pues tú eres el omnipotente que me creó.

Die Legende von Pachacamac

In Anlehnung an die 1631 erschienene ‹Lehrreiche Chronik des Augustinerordens in Peru einschließlich beispielhafter Ereignisse in diesem Königreich› von Antonio de la Calancha

Die ursprünglichen Bewohner der Anden erzählen, dass Pachacamac, dessen Name «der das Universum mit Seele erfüllt» bedeutet, am Anfang die Welt schuf und einen Mann und eine Frau formte. Da die Welt jedoch leer war und es nichts zu essen gab, starb der Mann vor Hunger.

Allein irrte die Frau, die nicht wusste, wer sie geschaffen hatte, auf der Suche nach Nahrung durch die Welt, aber als sie es leid war, tagtäglich zwischen Dornen und Wurzeln nach Essbarem zu suchen, flehte sie eines Tages den Sonnengott um Hilfe an. Sie sprach zu ihm:

«Geliebter Schöpfer des Universums, warum hast du mich das Licht der Welt erblicken lassen, wenn ich nur in Armut und Hunger leben soll? Erinnerst du dich nicht daran, dass du mich aus dem Nichts geschaffen hast? Soll ich meine Tage genauso beenden, wie ich auf die Welt gekommen bin, soll ich allein in ihr leben, kinderlos, arm und bedrückt? Warum, oh Sonnengott, hast du uns erst geschaffen, wenn du uns nun wieder zerstörst? Wie kannst du, der du das Licht bringst, dich mir gegenüber so schändlich verhalten und mir die Nahrung verweigern? Du scheinst nicht besonders mildtätig zu sein, denn du hast kein Erbarmen mit den Leidenden, keine Hilfe für die Unglückseligen, die du geschaffen hast. Erlaube, oh Schöpfer, dass der Himmel mich durch einen Blitz tötet oder die Erde mich verschluckt, um dieses mühsame Leben zu beenden, oder errette mich voller Güte, denn du bist der Allmächtige, der mich gemacht hat.»

Compadecido con el ruego, bajó alegre el Sol, la saludó y fingiendo no conocer sus angustias le preguntó por la causa de su llanto.

La mujer le contó de sus sufrimientos, el afán de su vida, el cansador trabajo que significaba buscar alimento entre cardos y espinas y también lo triste que era buscarlo entre las raíces.

El dios Sol, padre de Pachacamac, escuchó atento las quejas y condolido por su llanto, le dijo palabras consoladoras, le pidió dejar de tener miedo y le anunció que pronto tendría descanso porque lo que hasta entonces había sido causa de congojas, se acabaría. Al final le mandó a seguir sacando raíces.

Mientras la mujer estaba ocupada buscando alimento, el Sol la fecundó con sus rayos. Cuatro días después con gran alegría ella dio a luz a un hijo, segura ya de ser colmadas sus esperanzas.

Pero Pachacamac quedó indignado de que se haya dedicado la adoración al Sol, en lugar de a él y naciera un niño en desprecio suyo. Pachacamac tomó al semidiós recién nacido y sin atender a los ruegos de la madre que pedía ayuda al Sol, mató al niño, que también era su hermano, y lo despedazó.

Pachacamac no quería que nadie más se quejara por la falta de alimentos y que nadie, por necesidad, adore a otro dios que no sea él. Por eso sembró los dientes del niño muerto y de ellos nació el maíz cuyas semillas se asemejan a los dientes; sembró las costillas y de ellas surgieron las yucas. De la carne germinaron los pepinos, pacaes y otros

Von der Bitte gerührt, stieg der Sonnengott freudig herab, grüßte sie, und indem er vorgab, den Grund ihrer Sorgen nicht zu kennen, fragte er sie, warum sie so wehklage.

Die Frau erzählte ihm von ihren Leiden, von den Nöten ihres Lebens, von der ermüdenden Arbeit, inmitten von Disteln und Dornen nach Nahrung zu suchen, und auch, wie traurig es war, sie zwischen den Wurzeln ausgraben zu müssen.

Der Sonnengott, Pachacamacs Vater, hörte die Klagen aufmerksam an, und von den Tränen der Frau bewegt, sprach er tröstende Worte zu ihr, bat sie, die Angst abzulegen, und kündigte ihr an, dass sie bald ausruhen dürfe, denn das, was ihr bisher Kummer bereitet habe, werde aufhören. Dann trug er ihr auf, weiter nach Wurzeln zu graben.

Während die Frau mit der Nahrungssuche beschäftigt war, befruchtete der Sonnengott sie mit seinen Strahlen. Vier Tage später brachte sie voller Freude einen Sohn zur Welt und war bereits sicher, dass alle ihre Hoffnungen überreich erfüllt würden.

Doch Pachacamac zürnte, weil die Verehrung statt seiner dem Sonnengott gegolten hatte und weil zu seinem Nachteil ein Kind geboren worden war. Also nahm er den neugeborenen Halbgott, und ohne auf das Flehen der Mutter zu achten, die den Sonnengott um Hilfe bat, tötete er das Kind, das zugleich sein Bruder war, und zerstückelte es.

Pachacamac wollte vermeiden, dass sich noch einmal jemand über den Nahrungsmangel beklagte oder aus Not einem anderen Gott huldigte. Deshalb säte er die Zähne des toten Kindes aus, und aus ihnen spross der Mais, dessen Samen Zähnen ähneln. Er pflanzte die Rippen ein, und aus ihnen entstanden die Maniokknollen. Aus dem Fleisch wuchsen die Pepinos, die Pacays und

árboles. Desde entonces no hubo nadie más que llorase por necesidad. En ese ambiente de abundancia y fertilidad, Pachacamac volvió a ser el dios preponderante.

Pero toda esa abundancia no aplacó a la madre; en cada fruta veía ella el recuerdo de su hijo muerto. Así el amor y también sus deseos de venganza le obligaron a clamar al Sol a quien pidió o el castigo o el remedio para sus desdichas. El Sol escuchó otra vez los ruegos de la mujer y bajó, pero no para castigar a su hijo Pachacamac. Condolido con la mujer le preguntó dónde estaba el cordón umbilical del niño. Ella se lo mostró y el Sol creó con éste otro niño que luego entregó a la mujer.

– Toma este niño y envuélvelo en mantillas, su nombre es Vichama, le dijo el Sol.

La mujer crió al niño. Creció hermoso hasta llegar a ser un gallardo joven. Más tarde, al igual que su creador, el joven quiso recorrer el mundo para ver lo que había sido creado en él.

Un día en el que Vichama se sintió con la edad suficiente para conocer el mundo, habló con su madre y salió de viaje. Pero ni bien había comenzado su ausencia, Pachacamac mató a su madre que ya era vieja. El dios la dividió en pequeños trozos, que dio como alimento a los cuervos y a los cóndores, y luego escondió sus cabellos en las orillas del mar. Después creó hombres y mujeres que dominaran el mundo a la vez que nombró curacas y caciques que lo gobernasen.

Al volver a Vegueta, un valle lleno de arboledas y flores, Vichama, el semidiós, quiso ver a su madre, pero no la encontró. Cuando un cura-

andere Bäume. Von nun an gab es niemanden mehr, der aus Not geweint hätte. In dieser Welt voller Überfluss und Fruchtbarkeit war Pachacamac wieder der höchste Gott.

Doch all der Reichtum konnte die Mutter nicht beruhigen. In jeder Frucht begegnete ihr die Erinnerung an ihren toten Sohn. Und so trieben ihre Liebe und auch ihre Rachewünsche sie dazu, den Sonnengott anzurufen und von ihm entweder eine Strafe oder ein Mittel gegen ihr Unglück zu fordern. Der Sonnengott hörte erneut die Bitten der Frau und stieg herab, aber nicht um seinen Sohn Pachacamac zu bestrafen. Teilnahmsvoll fragte er die Frau, wo sie die Nabelschnur des Kindes habe. Sie zeigte sie ihm, und der Sonnengott erschuf daraus ein neues Kind, das er ihr gab.

«Nimm dieses Kind und wickele es in ein Tuch, sein Name ist Vichama», sagte der Sonnengott.

Die Frau zog das Kind auf, es wuchs prächtig heran und wurde zu einem stattlichen jungen Mann. Später wollte der junge Mann dann wie sein Schöpfer die Welt bereisen, um zu sehen, was es alles auf ihr gab.

Als er sich alt genug fühlte, um die Welt kennenzulernen, sprach Vichama mit seiner Mutter und begab sich auf die Reise. Er war noch nicht lange fort, da tötete Pachacamac seine bereits betagte Mutter. Der Gott zerteilte sie in kleine Stücke und fütterte damit die Raben und Kondore. Ihre Haare vergrub er am Meeresufer. Dann schuf er Männer und Frauen, die über die Welt herrschen sollten, und ernannte Häuptlinge und Kaziken, um sie zu regieren.

Als Vichama, der Halbgott, in sein Land Vegueta, ein Tal voller Bäume und Blumen, zurückkehrte, wollte er seine Mutter wiedersehen, aber er traf sie nicht an. Und als ihm schließlich ein Häuptling vom

ca le informó a Vichama el triste final de su madre, los ojos del semidiós se encendieron de ira y su corazón sufría. Luego Vichama convocó a los moradores del valle y de ellos supo donde estaban los restos de su progenitora. Fue a buscarlos, los encontró, los recolectó, los recompuso y con ellos resucitó a su madre.

Después Vichama meditó una venganza que sería la única forma de aplacar su furor. El semidiós estaba decidido a aniquilar a Pachacamac. Pero el dios, quien a su vez estaba enojado con los hombres que había creado y para no matar a su medio hermano, se ocultó en un sitio hoy llamado Pachacamac, cercano a la ciudad de Lima.

Cuando Vichama se dio cuenta que Pachacamac se le había escapado, volvió su cólera contra los habitantes de Vegueta a quienes culpaba no de matar a su madre, sino de permitir el crimen contra ella. Llevado por la furia, sin admitir disculpas ni mitigarse con ruegos, Vichama pidió a su padre convertir a los habitantes de Vegueta en piedras.

El Sol accedió al pedido de su hijo y convirtió en piedras a las criaturas creadas por Pachacamac. Apenas hubieron ejecutado el castigo se arrepintieron de su falta de piedad. Pero ni el Sol ni Vichama pudieron deshacer el castigo por lo que buscaron formas para paliar su error.

Por eso decidieron dar a los curacas, caciques y nobles convertidos en piedra un nivel de divinidad y los llevaron a las costas y las playas del mar. Allí dejaron a unos para que sean adorados como wacas, a otros los pusieron en forma de peñones y escollos en el mar. Así con sus títulos

traurigen Ende seiner Mutter berichtete, funkelten seine Augen vor Zorn, und sein Herz tat weh. Daraufhin rief Vichama die Bewohner des Tals herbei und erfuhr von ihnen, wo die Überreste seiner Mutter waren. Er suchte nach ihnen, fand sie, sammelte sie ein, setzte sie zusammen und erweckte aus ihnen seine Mutter wieder zum Leben.

Dann schmiedete Vichama Rachepläne, denn nur so konnte er seinen Zorn besänftigen. Der Halbgott beschloss, Pachacamac zu vernichten. Doch da der Gott seinerseits böse auf die Menschen war, die er geschaffen hatte, und er seinen Halbbruder nicht töten wollte, verbarg er sich an der Küste, an einem heute Pachacamac genannten Ort unweit der Stadt Lima.

Als Vichama merkte, dass Pachacamac ihm entkommen war, richtete er seinen Zorn gegen die Einwohner Veguetas und beschuldigte sie, seine Mutter zwar nicht selbst getötet, aber den Mord an ihr zugelassen zu haben. Ohne Rechtfertigungen zu akzeptieren oder sich von Bitten erweichen zu lassen, verlangte Vichama wutentbrannt von seinem Vater, die Einwohner Veguetas in Steine zu verwandeln.

Der Sonnengott gab dem Wunsch seines Sohnes nach und verwandelte die Geschöpfe Pachacamacs in Steine. Kaum hatten sie die Strafe ausgeführt, bereuten sie ihren Mangel an Barmherzigkeit. Aber weder der Sonnengott noch Vichama konnten die Bestrafung ungeschehen machen, und so suchten sie nach Wegen, ihren Fehler abzumildern.

Sie beschlossen, den in Stein verwandelten Häuptlingen, Kaziken und Edelleuten ein gewisses Maß an Göttlichkeit zu verleihen, und trugen sie an die Küsten und Strände des Meeres. Einige ließen sie dort zurück, damit sie als Schutzgeister verehrt würden, andere warfen sie als Felsen oder Klippen ins Meer. Entsprechend ihrem Rang als Gotthei-

de deidad recibían cada año dádivas de plata y chicha, que les eran ofrecidos para aplacarlos. El curaca Anat recibió el primer lugar por haber sido éste el hombre de mayor importancia en su comunidad. Ahora es un peñón distante a una milla de la costa.

Así el mundo quedó sin hombres, y por lo tanto las wacas y el Sol no tenían a nadie que los adorase. Por eso Vichama pidió a su padre crear nuevos hombres. Así el Sol le envió tres huevos, de oro, plata y cobre. Del huevo de oro salieron los curacas y los nobles, del segundo que era de plata se engendraron las mujeres y del tercer huevo que era de cobre surgió la gente plebeya, sus mujeres y sus familias.

***

Tiempo después los habitantes de la costa peruana comenzaron a rendir culto a Pachacamac. El dios fue representado por un ídolo con dos rostros y hecho en un palo de madera.

Como hacedor del mundo y creador de todo Pachacamac fue vinculado a varios elementos de la naturaleza, entre ellos el agua y los temblores. Los antiguos habitantes del Perú creían que era Pachacamac quien provocaba los temblores y por eso le hacían dádivas para que el dios no les mande esos azotes.

En el lugar en el que Pachacamac se ocultó, en el Valle de Lurín cerca de Lima, los antiguos peruanos le construyeron un templo. Allí consultaban al dios mediante un oráculo que se convirtió en uno de los más prestigiosos.

ten erhielten sie jedes Jahr Gaben in Gestalt von Silber oder Maisbier, die man ihnen brachte, um sie freundlich zu stimmen. Dem Häuptling Anat wurde dabei der erste Platz zugewiesen, weil er die wichtigste Persönlichkeit in seiner Gemeinde gewesen war. Noch heute sieht man ihn als Felsen eine Meile von der Küste entfernt.

Nun gab es aber keine Menschen mehr auf der Welt, sodass die Schutzgeister und der Sonnengott niemanden hatten, der sie verehren konnte. Deshalb bat Vichama seinen Vater, neue Menschen zu schaffen, und dieser schickte ihm drei Eier, aus Gold, aus Silber und aus Kupfer. Aus dem ersten, das aus Gold war, entstanden die Häuptlinge und die Edelleute. Aus dem zweiten, das aus Silber war, gingen ihre Frauen hervor, und aus dem dritten, das aus Kupfer war, entsprang das einfache Volk mit seinen Frauen und Familien.

***

Nach einer Weile begannen die Bewohner der peruanischen Küste, Pachacamac kultisch zu verehren. Die Gottheit wurde durch eine in einen hölzernen Pfahl geschnitzte Figur mit zwei Gesichtern dargestellt.

Als Schöpfer der Welt und Ursache von allem wurde Pachacamac mit verschiedenen Elementen der Natur in Verbindung gebracht, unter anderem mit dem Wasser und den Erdbeben. Die früheren Einwohner Perus glaubten, es sei Pachacamac, der die Erde beben lasse, und so machten sie ihm Geschenke, damit der Gott ihnen nicht diese Geißel schickte.

An dem Ort, an dem Pachacamac sich versteckt hatte, im Tal von Lurín bei Lima, errichteten die Einwohner des alten Peru ihm einen Tempel. Dort holten sie mithilfe eines Orakels, das sich zu einem der angesehensten der Region entwickelte, den Rat des Gottes ein.

Cuando llegaron los españoles, ellos saquearon, quemaron y dejaron en ruinas al templo del dios.

Ya bajo dominio de los españoles los indígenas de la región fueron reducidos a la servidumbre. Los conquistadores les impusieron el cristianismo, pero ellos no dejaron de adorar a Pachacamac. Como el templo había sido destruido, los indígenas pintaron en una pared del mismo lugar, que en ese entonces era conocido como la huerta de Pachacamilla, una imagen del dios de los temblores a quien seguían venerando en secreto.

Más de un siglo después este culto se mantuvo aún, pero la población indígena fue diezmada hasta desaparecer del lugar. Allí se establecieron esclavos llevados desde Angola. Ellos también pintaron una imagen, esta vez la de Jesucristo.

Bei ihrer Ankunft raubten die Spanier den Tempel aus, brannten ihn nieder und zertrümmerten seine Mauern.

Als das Gebiet dann unter spanischer Herrschaft stand, wurden die ursprünglichen Bewohner zur Knechtschaft herabgestuft. Die Eroberer zwangen ihnen das Christentum auf, doch sie blieben Pachacamac treu. Da der Tempel zerstört war, malten sie auf eine Wand jenes Ortes, den man inzwischen als den Garten von Pachacamilla kannte, ein Bild des heimlich von ihnen verehrten Gottes der Erdbeben.

Mehr als ein Jahrhundert später gab es diesen Kult noch immer, doch die indianische Bevölkerung wurde dezimiert, bis sie ganz aus der Gegend verschwand. Dann siedelten sich dort Sklaven an, die man aus Angola herbeigeholt hatte. Sie malten ebenfalls ein Bild, diesmal das von Jesus Christus.

La flor de lirolay

De las tradiciones argentinas

Cuentan en el norte de Argentina que desde tiempos antiguos existe una flor milagrosa que alivia todas las enfermedades y atrae la buena suerte. Pero la flor de lirolay, como se llama la flor, era – y es – muy difícil de conseguir porque solo se encuentra en montañas boscosas. Tiene un color rojo encendido, florece a medianoche y al abrir sus pétalos deja ver una perla que resplandece. Se dice que solo las personas de buen corazón y aquellas que ayudan a los más necesitados pueden encontrarla.

Hace muchos años en el norte del territorio de la actual Argentina vivía un poderoso cacique, Asportuma, cuyos dominios se extendían hasta los dos océanos. El cacique tenía buen corazón y tres hijos que eran su adoración.

Pero un día él perdió la luz de sus ojos, se quedó ciego, y desde entonces se llenó de tristeza porque ya no podía ver lo que su pueblo hacía.

Un día frente a las puertas de su palacio llegó un anciano quien pidió a los guardias dejarlo pasar porque él conocía un remedio para curar la ceguera del rey.

Los guardias meditaron sobre el pedido del viejo y aunque tenían dudas de que la extraña visita le sirva a su cacique, no solo lo dejaron entrar sino que lo llevaron ante la presencia del jefe del pueblo. El viejo le dijo al cacique:

– Señor, la milagrosa flor de lirolay puede curarle, pero tengo que advertirle que es muy difícil de encontrar. Solo la pueden ver las per-

Die Blume Lirolay

Aus der argentinischen Überlieferung

Im Norden Argentiniens wird erzählt, dass es seit alten Zeiten eine wundertätige Blume gibt, die sämtliche Krankheiten lindert und Glück bringt. Doch die Lirolay, wie diese Blume heißt, war – und ist – sehr schwer zu finden, denn sie wächst nur in Gebirgswäldern. Sie ist von leuchtend roter Farbe, blüht um Mitternacht, und wenn sie sich öffnet, erblickt man eine glänzende Perle. Man sagt, nur Menschen mit gutem Herzen und solche, die den Bedürftigen helfen, können sie finden.

Vor vielen Jahren lebte im Norden des heutigen Argentiniens ein mächtiger Kazike, Asportuma, dessen Herrschaftsgebiet von einem Ozean zum anderen reichte. Der Kazike hatte ein gutes Herz und drei Söhne, die er über alles liebte.

Eines Tages aber verlor er sein Augenlicht und erblindete. Von Stund an wurde er immer trauriger, weil er die Werke seines Volkes nicht mehr sehen konnte.

Irgendwann erschien ein alter Mann vor dem Tor des Palastes und bat die Wächter, ihn durchzulassen, denn er kenne ein Mittel, um die Blindheit des Königs zu heilen.

Die Wächter bedachten die Bitte des Alten, und obwohl sie Zweifel hatten, dass der merkwürdige Besuch dem Kaziken nützen werde, ließen sie ihn nicht nur eintreten, sondern führten ihn auch gleich vor das Oberhaupt ihres Volkes. Dort sprach der Alte zum Kaziken:

«Herr, die wundertätige Blume Lirolay vermag Euch zu heilen, aber ich muss Euch darauf hinweisen, dass es sehr schwer ist, sie zu finden. Nur gütige und großher-

sonas buenas y generosas, y para encontrarla es necesario ir hasta las montañas por donde se levanta el sol.

Los tres hijos del monarca habían escuchado la conversación del viejo y su padre y de inmediato se ofrecieron para encontrar la milagrosa flor. El padre, emocionado, los abrazó y prometió declarar heredero de su corona a aquel que encontrara la flor.

Cuando partieron, los tres hermanos viajaron juntos, recorrieron montañas, pasaron por desiertos y llanuras preguntando a los moradores de esas regiones por la flor de lirolay. Al no encontrarla decidieron continuar la búsqueda de manera separada y acordaron volver a encontrarse en el mismo lugar en la tercera luna llena.

El mayor de los hermanos llegó a las tierras de Jujuy, pero no encontró la flor ni a nadie que la conozca y menos que le diga cómo uno podía encontrarla. Su búsqueda siguió infructuosa hasta que llegó el tiempo de regresar.

El segundo hijo del cacique se dirigió a las tierras de Tucumán donde preguntó a la gente si conocía la flor. Pero tampoco nadie le pudo decir dónde se encontraba la flor de lirolay porque nadie la conocía. Además nadie quería hablar con él debido a que, al sentirse ya el nuevo cacique, era arrogante y no tenía buenas maneras de preguntar. Cansado de buscar sin éxito un día decidió regresar.

El hijo más joven se dirigió a la región de Salta. Al llegar contaba a todos los habitantes todo cuanto le había sucedido a su padre y les preguntaba por la flor milagrosa. El joven era ama-

zige Menschen können sie sehen, und um sie zu finden, muss man bis zu den Bergen gehen, hinter denen die Sonne aufgeht.»

Die drei Söhne des Monarchen hatten das Gespräch zwischen dem Alten und ihrem Vater mitangehört und boten sich augenblicklich an, die wundertätige Blume zu suchen. Bewegt umarmte der Vater sie und versprach, denjenigen, der die Blume fand, zum Erben seiner Krone zu ernennen.

Am Anfang reisten die drei Brüder gemeinsam, sie durchquerten Gebirge, Wüsten und Ebenen und fragten die Bewohner dieser Gebiete nach der Blume Lirolay. Da sie sie jedoch nicht fanden, beschlossen sie, die Suche einzeln fortzusetzen, und verabredeten, sich beim dritten Vollmond an derselben Stelle wiederzutreffen.

Der Älteste gelangte in die Gegend von Jujuy, aber er fand weder die Blume noch jemanden, der sie gekannt hätte, und erst recht niemanden, der ihm gesagt hätte, wie man sie finden konnte. Er suchte vergeblich, bis es an der Zeit war umzukehren.

Der zweite Sohn des Kaziken begab sich in die Gegend von Tucumán und fragte die Leute, ob sie die Blume kennen würden. Aber auch ihm konnte niemand verraten, wo die Lirolay wuchs, da niemand sie kannte. Außerdem wollte keiner mit ihm reden, weil er, der sich schon als der neue Kazike fühlte, hochmütig auftrat und seine Fragen nicht sehr höflich stellte. Der erfolglosen Suche müde, beschloss er eines Tages, sich auf den Rückweg zu machen.

Der jüngste Sohn ging in die Gegend von Salta. Als er dort ankam, erzählte er den Einwohnern, was mit seinem Vater geschehen war, und fragte sie nach der wundertätigen Blume. Der Junge war liebenswürdig, und

ble y sus maneras de preguntar a la gente también lo eran. Al oírlo la gente entendía que el joven amaba a su padre. Entonces pensaron que si era como su hijo, el padre debía también ser un hombre generoso. Por eso trataron de ayudarlo y lo llevaron donde los médicos que conocían las plantas medicinales, pero ellos también dijeron no conocer esa flor. Sin embargo, el joven no se rindió y continuó su búsqueda.

Un día una anciana le habló de la Pachamama, la madre tierra, y un altar dedicado a ella que estaba escondido entre grandes piedras en la selva y él salió a buscar ese lugar.

Después de una larga búsqueda el joven encontró el lugar dedicado a la diosa de la fertilidad. Sobre las piedras del altar colocó los panes de maíz que llevaba consigo, las hojas de coca que lo mantuvieron con vida y el poncho de lana de llama que lo había abrigado en el camino y luego se puso a rezar para pedir a la diosa su ayuda.

Cuando estaba rezando se le apareció una hermosa mujer quien lo miraba tal como lo hacía su madre. Era la diosa Pachamama.

– ¡Hijo mío ! –le dijo la diosa con su voz suave y melodiosa– sé que andas en busca de la flor de lirolay. La encontrarás. Sigue por este camino y penetra en la selva. No pienses en otra cosa y repite en todo momento que le tienes que llevar a tu padre la flor del lirolay. No debes dormir durante todos estos días, porque lograrás verla solo a medianoche cuando la flor esté abriendo sus pétalos.

El joven escuchó arrodillado y con la cabeza inclinada lo que la diosa le decía y cuando la levan-

seine Art, die Leute zu befragen, war es auch. Seinen Worten entnahmen die Leute, dass er seinen Vater liebte. Da dachten sie, wenn er so sei wie sein Sohn, müsse der Vater ebenfalls ein guter Mensch sein. Deshalb versuchten sie, dem Jungen zu helfen, und brachten ihn zu den Ärzten, die sich mit Heilpflanzen auskannten, doch auch diese sagten, sie würden die Blume nicht kennen. Aber der Junge gab nicht auf und setzte seine Suche fort.

Eines Tages erzählte ihm eine alte Frau von Pachamama, der Mutter Erde, und einem ihr geweihten Altar, der sich, zwischen großen Steinen verborgen, irgendwo im Wald befinde, und er brach auf, diese Stelle zu suchen.

Nach langer Suche fand der Junge den der Göttin der Fruchtbarkeit geweihten Ort. Er legte die Maisbrote, die er bei sich trug, die Kokablätter, die ihn am Leben hielten, und den Poncho aus Lamawolle, der ihn auf der Reise gewärmt hatte, auf die Steine des Altars und begann zu beten, um von der Göttin Hilfe zu erflehen.

Während er betete, erschien ihm eine schöne Frau, die ihn so ansah, wie es seine Mutter immer tat. Das war die Göttin Pachamama.

«Mein Sohn», sagte die Göttin mit ihrer sanften, melodischen Stimme zu ihm, «ich weiß, dass du nach der Blume Lirolay suchst. Du wirst sie finden. Folge diesem Weg und geh weiter in den Wald hinein. Denk an nichts anderes und wiederhole ständig, dass du deinem Vater die Blume Lirolay bringen musst. Du darfst an diesen Tagen nicht schlafen, denn du wirst sie nur um Mitternacht erkennen können, wenn die Blume ihre Blütenblätter öffnet.»

Kniend und mit gesenktem Kopf hörte der Junge, was die Göttin zu ihm sagte, und als er den Kopf hob,

tó la diosa había desaparecido. Creyó que solo se había tratado de un sueño, pero en el altar encontró una canasta llena de alimentos, entre ellos bizcochos de maíz, frutas y una bebida dulce, que le ayudaría a seguir en su búsqueda.

El joven ingresó en la selva, pero el camino no fue fácil. Primero tuvo que luchar contra la vegetación que le cerraba el paso. Pero él siguió adelante hasta que llegó a un lago en el cual encontró a una bella joven que se mojaba la frente. El joven le preguntó:

– ¿Puedes decirme dónde puedo encontrar la flor de lirolay?

– Al otro lado, pero mejor quédate conmigo. Yo soy la dueña de estas tierras y las aguas me obedecen, le respondió.

El joven se sintió tentado a aceptar la oferta de la muchacha, pero recordó que su padre esperaba que él le llevara la flor. Por eso le pidió a la desconocida dejarle pasar. Pero al intentar cruzar el lago, comenzó a hundirse ante lo cual la muchacha reía a carcajadas. Entonces el joven pidió ayuda a la Pachamama y solo así pudo seguir en su búsqueda.

Lo que le faltaba era un trayecto aún más difícil. En la selva las enredaderas parecían ahogarle y él creía escuchar voces de todos lados.

– Estoy en búsqueda de la flor de lirolay. ¿Es por aquí donde se encuentra?, gritó al azar.

– Sí, en esta selva florece esa flor, pero, ¿por qué no te quedas con nosotras? Nosotras somos las dueñas de la selva, le respondieron unas voces femeninas.

Al mirar al lugar de donde provenían las voces, el joven vio a un grupo de mujeres jóvenes de ca-

war sie verschwunden. Er glaubte, es habe sich bloß um einen Traum gehandelt, doch auf dem Altar entdeckte er einen mit Speisen gefüllten Korb, darunter Maiskekse, Früchte und ein süßes Getränk, der ihm helfen würde, seine Suche fortzusetzen.

Der Junge drang in den Wald ein, aber es war kein leichter Weg. Zunächst musste er gegen die Pflanzen kämpfen, die ihm den Durchgang versperrten. Unbeirrt ging er weiter, bis er an einen See kam und auf eine schöne junge Frau traf, die gerade ihre Stirn benetzte. Der Junge fragte sie:

«Kannst du mir sagen, wo ich die Blume Lirolay finde?»

«Auf der anderen Seite. Aber bleib besser bei mir. Ich bin die Herrin dieser Gegend, und das Wasser gehorcht mir», antwortete ihm die Unbekannte.

Der junge Mann war versucht, das Angebot des Mädchens anzunehmen, aber er erinnerte sich, dass sein Vater auf die Blume wartete. Deshalb bat er die Unbekannte, ihn vorbeizulassen. Als er jedoch versuchte, den See zu durchqueren, versank er, worauf das Mädchen in Gelächter ausbrach. Da flehte der Junge Pachamama um Hilfe an, und nur dank ihres Beistands konnte er seine Suche fortsetzen.

Vor ihm lag eine noch schwierigere Wegstrecke. Die Schlingpflanzen im Wald wollten ihn schier erwürgen, und von allen Seiten glaubte er Stimmen zu hören.

«Ich suche nach der Blume Lirolay. Ist sie vielleicht hier?», rief er auf gut Glück.

«Ja, in unserem Wald blüht diese Blume. Aber warum bleibst du nicht bei uns? Wir sind die Herrinnen des Waldes», antworteten ihm mehrere weibliche Stimmen.

Als er dorthin sah, woher die Stimmen kamen, erblickte der Junge eine Gruppe junger Frauen mit schwarzen,

bellos negros que estaban adornados con flores. Otra vez el joven se sintió tentado, pero cerró los ojos y siguió su camino, aunque repetidamente se caía y se enredaba en la vegetación ante la mirada burlona de las muchachas.

– ¡Pachamama, no me abandones!, gritó desesperado.

Apenas pronunció ese nombre, sus penas terminaron. Una luz suave comenzó a alumbrar su alrededor. Esa luz salía de una flor de hermosos pétalos rojos. El joven había encontrado la flor de lirolay y la tomó con manos temblorosas.

Al iniciar su camino de retorno descubrió que la flor lo guiaba, que el camino se le abría y él ya no necesitaba hacer ningún otro esfuerzo.

Él regresó alegre al punto concertado con sus hermanos para el reencuentro. Pero éstos no estuvieron felices de verlo con la flor. Ellos sabían que al haber encontrado la flor, el más joven se convertiría en el nuevo gobernante.

– Será el nuevo cacique. Tendremos que obedecer a un muchacho, se dijeron entre sí.

Como no aceptaban esa posibilidad, decidieron quitarle la flor, llevarla a su padre y luego dividir el reino entre ellos. Pero para heredar el trono de su padre necesitaban deshacerse primero del hermano menor.

Sin sospechar nada acerca de los planes de sus hermanos, el joven estaba feliz con su flor a la que llevaba con mucho cuidado como si se tratase de una vela encendida.

Una noche en la que después de atravesar una cordillera acamparon a orillas de un río, los hermanos mayores sujetaron al más joven mientras

blumengeschmückten Haaren. Erneut fühlte er sich versucht, aber er schloss die Augen und setzte seinen Weg fort. Er stürzte wiederholt und verfing sich unter den spöttischen Blicken der Mädchen im Unterholz.

«Pachamama, lass mich nicht im Stich», rief er verzweifelt.

Kaum hatte er diesen Namen ausgesprochen, waren seine Leiden beendet. Ein sanftes Licht erhellte allmählich seine Umgebung. Das Licht kam von einer Blume mit schönen roten Blütenblättern. Der Junge hatte die Lirolay gefunden und ergriff sie mit zitternden Händen.

Als er den Rückweg antrat, bemerkte er, dass die Blume ihn führte, dass sich das Dickicht vor ihm öffnete und es keiner Anstrengung mehr bedurfte.

Fröhlich kehrte er an den mit seinen Brüdern verabredeten Treffpunkt zurück; doch diese freuten sich gar nicht, als sie ihn mit der Blume kommen sahen. Sie wussten ja, dass der Jüngste, da er die Blume gefunden hatte, der neue Herrscher werden würde.

«Er wird der neue Kazike. Wir werden einem Jungen gehorchen müssen», sagten sie zueinander.

Da sie das auf keinen Fall wollten, beschlossen sie, ihm die Blume fortzunehmen, sie ihrem Vater zu bringen und dann das Königreich unter sich aufzuteilen. Aber um den Thron ihres Vaters zu erben, mussten sie sich zuerst des jüngeren Bruders entledigen.

Ohne etwas von den Plänen seiner Brüder zu ahnen, war der Jüngste glücklich mit seiner Blume und trug sie so vorsichtig wie eine brennende Kerze.

Eines Nachts, als sie nach Durchquerung eines Gebirges am Ufer eines Flusses lagerten, überwältigten die älteren Brüder den Jüngeren im Schlaf, schleppten ihn

dormía, lo llevaron al río, lo ahogaron y luego lo enterraron en un pozo. Después tomaron la flor, la llevaron al padre y la colocaron sobre su rostro. De inmediato el cacique recobró la vista y agradeció a sus dos hijos por haberle llevado la flor. Pero después preguntó por su hijo menor, ante lo cual los dos hermanos mayores dijeron haberle perdido de vista al bajar la cordillera.

– Ha sido demasiado alto el precio que he pagado por recobrar mi salud, dijo el cacique.

Entonces lanzó una proclama en la que ofrecía recompensa a la persona que le lleve noticias de su hijo menor.

Tiempo después cerca del pozo en el que los dos hermanos mayores arrojaron al hermano menor crecieron unas cañas. Un día por el lugar pasó un pastor con la intención de cortar una caña para hacerse una quena (flauta). Cuando estuvo lista y comenzó a tocarla, el pastor escuchó una voz que le decía:

«No me toques, pastorcito,
ni me dejes de tocar.
Mis hermanos me mataron
por la flor de lirolay.»

Inicialmente el pastor quiso deshacerse de la flauta, pero después se enteró de la oferta del cacique y las referencias a la flor de lirolay. Entonces tomó la flauta, se dirigió al palacio y después de ser presentado entregó el instrumento para que el cacique lo hiciera sonar. Al tomar el cacique la flauta, se escuchó una voz que le decía:

zum Fluss, ertränkten ihn und warfen ihn in ein Brunnenloch. Danach nahmen sie die Blume, brachten sie ihrem Vater und legten sie auf sein Gesicht. Sogleich erlangte der Kazike die Sehkraft zurück und dankte seinen beiden Söhnen dafür, dass sie ihm die Blume gebracht hatten. Dann aber fragte er nach seinem Jüngsten, worauf die beiden Älteren sagten, sie hätten ihn beim Abstieg aus dem Gebirge aus den Augen verloren.

« Der Preis, den ich für die Wiederherstellung meiner Gesundheit bezahlt habe, war zu hoch », sagte der Kazike.

Daraufhin ließ er bekanntmachen, dass er demjenigen, der ihm Nachricht von seinem jüngsten Sohn bringe, eine Belohnung verspreche.

Nach einer Weile wuchsen nahe dem Brunnen, in den die beiden älteren Brüder den Jüngeren geworfen hatten, einige Schilfrohrstängel. Eines Tages kam dort ein Hirte vorbei, der ein Rohr abschnitt, um sich eine Quena, eine Flöte, zu schnitzen. Als diese fertig war und der Hirte auf ihr zu spielen begann, vernahm er eine Stimme, die zu ihm sprach:

« Spiel mich nicht, du Hirtenjunge,
spiel mich weiter alle Zeit.
Meine Brüder mich ertränkten
für die Blume Lirolay. »

Anfangs wollte der Hirte die Flöte loswerden, aber dann hörte er von dem Aufruf des Kaziken und dem Zusammenhang mit der Blume Lirolay. Also nahm er die Flöte, begab sich zum Palast, und nachdem er dem Herrscher vorgestellt worden war, überreichte er ihm das Instrument, damit er es erklingen ließe. Als der Kazike die Flöte ergriff, vernahm man eine Stimme, die zu ihm sprach:

«No me toques, padre mío,
ni me dejes de tocar.
Mis hermanos me mataron
por la flor de lirolay.»

El jefe reconoció al instante la voz de su hijo y así se enteró de lo que le había pasado. Entonces llamó a sus hijos mayores y les obligó a tocar la flauta. Entonces una vez más se oyó una voz que les decía:

«No me toquen, hermanitos,
ni me dejen de tocar,
porque ustedes me mataron
por la flor de lirolay.»

Al escuchar la voz los hermanos tuvieron que confesar lo que le habían hecho al joven y pidieron perdón al cacique.

El cacique se limitó a preguntar al pastor dónde había encontrado la caña y él le indicó el lugar donde estaba el pozo. Enseguida el cacique ordenó a los hermanos mayores que lo siguieran hasta el lugar. Una vez allí, sacaron las piedras del pozo y encontraron el cuerpo del hijo menor. El cacique se inclinó para ver a su hijo y al hacerlo se cayó la flor de lirolay que traía en la frente sobre la cara de su hijo y él volvió a abrir los ojos.

El padre se llenó de alegría, pero después se puso furioso con sus hijos mayores y ordenó matarlos. Pero los perdonó a pedido de su hijo menor.

Una vez retornado al palacio, el joven contó de sus aventuras y nadie reparó en la flor. Cuando

« Spiel mich nicht, o Vater mein,
spiel mich weiter alle Zeit.
Meine Brüder mich ertränkten
für die Blume Lirolay. »

Der Herrscher erkannte sofort die Stimme seines Sohnes und erfuhr auf diese Weise, was ihm geschehen war. Dann rief er seine älteren Söhne zu sich und zwang sie, die Flöte zu spielen. Und wieder hörte man eine Stimme, die zu ihnen sprach:

« Spielt mich nicht, ihr Brüder mein,
spielt mich weiter alle Zeit.
Denn ihr wart's, die mich ertränkten,
für die Blume Lirolay. »

Als sie die Stimme vernahmen, mussten die Brüder gestehen, was sie dem Jüngsten angetan hatten, und baten ihren Vater um Verzeihung.

Der Kazike begnügte sich damit, den Hirten zu fragen, wo er das Schilfrohr gefunden habe, und dieser erzählte ihm von der Stelle bei dem Brunnen. Sofort befahl der Kazike den älteren Brüdern, ihm dorthin zu folgen. Nachdem sie angelangt waren, holten sie die Steine aus dem Brunnenloch und fanden den Körper des jüngsten Sohnes. Der Herrscher beugte sich vor, um seinen Sohn zu sehen, und dabei fiel die Blume Lirolay, die er an der Stirn trug, auf das Gesicht des Sohnes, und der schlug die Augen auf.

Der Vater war voller Freude, doch dann wurde er wütend auf seine älteren Söhne und wollte sie töten lassen. Aber auf Bitten seines jüngsten Sohnes vergab er ihnen.

Zurück im Palast erzählte der Junge von seinen Abenteuern, und niemand achtete auf die Blume. Als man sie

la buscaron, ésta había desaparecido, lo mismo que los dos hermanos mayores. Nadie más supo si fueron ellos los que se habían llevado la flor.

El cacique y su hijo vivieron felices y cuando el joven heredó los dominios de su padre, gobernó con bondad y sabiduría. Nunca más nadie volvió a ver la flor.

suchte, war sie verschwunden, ebenso wie die beiden älteren Brüder. Keiner sollte je erfahren, ob sie es waren, die die Blume mitgenommen hatten.

Der Kazike und sein Sohn lebten glücklich, und als der Junge das Land seines Vaters erbte, regierte er mit Güte und Weisheit. Die Blume aber wurde nie wieder gesehen.

La leyenda del cóndor jipiña

De las tradiciones bolivianas

Hace mucho tiempo en las cercanías de Corocoro, en el occidente boliviano, había un cacique que era conocido por su prudencia y buen juicio. El hombre, ya viejo, tenía dos hijos, un joven y una muchacha. El joven se parecía mucho a su padre por su templanza y sabiduría y la muchacha tenía belleza, tanto física como espiritual.

Un día llegó a esas tierras un joven extranjero a pedir a la doncella en matrimonio. El muchacho era joven, fuerte, bien parecido y rico, razón por la que estaba seguro de que su pedido sería aceptado.

Pero como el anciano padre no conocía ningún antecedente del joven pretendiente le dijo:

– Apreciado joven, sé bienvenido a nuestras tierras a donde has llegado desde no sé dónde. No dudo que tengas buenas intenciones, pero no conocemos nada de ti ni de los tuyos. Eres un desconocido para nosotros, no traes ropa que nos muestre tu origen, ni tampoco te acompaña nadie que pueda dar fe de ti.

El joven no estaba acostumbrado a que su palabra sea puesta en duda. No dijo nada y se retiró del lugar, aunque en su interior sentía fuertes deseos de venganza. Más tarde se fue del pueblo, pero sin que nadie supiera ni la forma ni el lugar por el que él se había ido.

Después de un tiempo ya nadie se acordaba del extranjero. Entretanto la hija del cacique se había enamorado de un joven de la región, con quien

Die Legende vom sitzenden Kondor

Aus der bolivianischen Überlieferung

Vor langer Zeit gab es im Westen Boliviens, in der Nähe von Corocoro, einen Kaziken, der für seine Klugheit und Weisheit bekannt war. Der Mann, er war schon alt, hatte zwei Kinder, einen Jungen und ein Mädchen. Wegen seiner geistigen Fähigkeiten und seiner Besonnenheit ähnelte der Junge sehr dem Vater, während das Mädchen schön war und eine reine Seele besaß.

Eines Tages kam ein fremder junger Mann in die Gegend und hielt um die Hand des Mädchens an. Der Bursche war jung, kräftig, gutaussehend und reich, weshalb er überzeugt war, dass sein Antrag angenommen werden würde.

Da der alte Vater aber keinen einzigen Vorfahren des Bewerbers kannte, sagte er zu ihm:

« Ehrenwerter junger Herr, wir begrüßen dich in unserem Land, in das du von ich weiß nicht woher gekommen bist. Ich zweifle nicht an deinen guten Absichten, aber wir wissen nichts über dich und deine Familie. Für uns bist du ein Unbekannter, du trägst keine Kleider, die uns deine Herkunft anzeigen, und hast auch niemanden bei dir, der für dich bürgen könnte. »

Der junge Mann war nicht gewohnt, dass sein Wort bezweifelt wurde. Er erwiderte nichts und zog sich zurück. In seinem Inneren jedoch verspürte er starke Rachegelüste. Später verließ er das Dorf, allerdings ohne dass jemand gewusst hätte, wie und auf welchem Weg er gegangen war.

Nach einer Weile erinnerte sich niemand mehr an den Fremden. Unterdessen hatte die Tochter des Kaziken sich in einen Jungen aus ihrer Gegend verliebt, mit dem sie

salía en las tardes e iba a los cerros para disfrutar los paisajes.

El rechazado pretendiente era en realidad un príncipe que había salido de sus tierras en busca de una esposa. Él todavía se sentía humillado por el cacique del lugar que le había negado la mano de su hija y quería vengarse. El príncipe, que era llamado Kuntur Mallku, tenía la capacidad de transformarse en un cóndor y es por eso que no llevaba nada ni a nadie en sus viajes.

Transformado en cóndor regresó a la comarca y comenzó a seguir a la joven a la que había pretendido como esposa. Poderoso y por eso orgulloso él solo esperaba el momento adecuado para ejecutar su venganza: matar al prometido y llevarse a la muchacha.

Un día la hija del cacique se dio cuenta de que un cóndor la vigilaba desde una corta distancia. Al principio no le dio importancia, pero al verlo casi todos los días la joven comenzó a sentir miedo y se lo comunicó a su hermano.

El joven acompañó a la pareja para ver el cóndor. Lo vio enorme, fuerte y con una extraña mirada que a él le parecía humana. Pronto se dio cuenta de que el ave era en realidad un ser extraordinario, pero aún le dijo a su hermana:

– No te preocupes. Te prometo que ya no verás más a ese cóndor.

Esa tarde el joven meditó en la forma en la que ahuyentaría al cóndor.

Considerado en su pueblo el más hábil en el manejo de la honda, decidió utilizar una para matar al ave. Al meditar recordó que tiempo atrás había recibido de su madre unas piedras

sich nachmittags traf und auf die Berge stieg, um den Ausblick zu genießen.

Der zurückgewiesene Bewerber aber war in Wirklichkeit ein Prinz, der seine Heimat auf der Suche nach einer Ehefrau verlassen hatte. Er fühlte sich von jenem Kaziken, der ihm die Hand seiner Tochter verweigert hatte, gedemütigt und sann auf Rache. Der Prinz, der Kuntur Mallku hieß, besaß die Fähigkeit, sich in einen Kondor zu verwandeln, und deshalb nahm er auf seinen Reisen auch nichts und niemanden mit.

In Kondorgestalt kehrte er in das Land zurück und begann, das Mädchen, das er zur Frau hatte nehmen wollen, zu verfolgen. Mächtig und daher voller Stolz wartete er nur auf den geeigneten Moment, um sich zu rächen: um den Bräutigam zu töten und das Mädchen zu rauben.

Eines Tages bemerkte die Tochter des Kaziken, dass ein Kondor sie aus geringer Entfernung beobachtete. Am Anfang maß sie dem keine Bedeutung bei, aber als sie ihn fast täglich sah, begann sie sich zu fürchten und erzählte ihrem Bruder davon.

Der junge Mann begleitete das Paar, um sich den Kondor anzusehen. Er war riesig und stark und hatte einen seltsamen Blick, der ihm menschlich erschien. Rasch begriff er, dass der Vogel in Wahrheit ein außergewöhnliches Wesen war, aber zu seiner Schwester sagte er nur:

«Mach dir keine Sorgen. Ich verspreche dir, dass du diesen Kondor nicht mehr sehen wirst.»

Am Abend dachte der junge Mann darüber nach, wie er den Kondor vertreiben könnte.

Da er in seinem Dorf als der Beste im Umgang mit der Steinschleuder galt, beschloss er, eine solche zu benutzen, um den Vogel zu töten. Beim Nachdenken fiel ihm ein, dass er vor einiger Zeit von seiner Mutter

de oro con la recomendación de utilizarlas solo «cuando sea estrictamente necesario». Así, armado con una honda y esas piedras de oro, el joven subió a la montaña a buscar a la extraña ave.

Pasó algunos días a la espera del cóndor y cuando por fin lo vio comenzó a perseguirlo, sin que el ave-príncipe se preocupara por ello. Él, que podía elevarse por las alturas, se decía a sí mismo que el joven que lo perseguía solo era un humano. Al majestuoso cóndor su enemigo le parecía insignificante.

Cuando en lo alto de una montaña el cóndor-príncipe y el joven se encontraron por fin frente a frente, el joven disparó una piedra de oro con tanta fuerza, rapidez y certeza que el proyectil se incrustó en el pecho del ave.

El cóndor intentó alzar vuelo, pero cayó sin haber podido volar un par de cientos de metros del lugar donde la batalla había tenido lugar. Herido se posó sobre unas rocas rojizas.

El dios Wiracocha que había visto todo se compadeció del cóndor y lo transformó en piedra, lo mismo que a todo ser vivo que en ese momento estaba a su alrededor.

Wiracocha lo había convertido en piedra para advertir a los hombres que no debe menospreciarse a nadie y que la venganza no debe ser la que guíe las acciones.

Tiempo después llegó al pueblo un grupo de mensajeros que buscaban al príncipe Kuntur Mallku. Para sorpresa de los pobladores del lugar, los emisarios explicaron que el príncipe perdido tenía el poder de transformarse en cóndor.

eine Handvoll goldener Steine erhalten hatte, mit dem Hinweis, sie nur zu verwenden, wenn es «unbedingt nötig» sei. Und so, mit einer Schleuder und den goldenen Steinen bewaffnet, stieg der junge Mann auf den Berg, um den merkwürdigen Vogel zu suchen.

Mehrere Tage lang wartete er auf den Kondor, und als er ihn schließlich sah, folgte er ihm, ohne dass der Prinz in Vogelgestalt sich deswegen Sorgen machte. Er, der sich in die Höhe hinaufschwingen konnte, beruhigte sich damit, dass der junge Mann, der ihn verfolgte, bloß ein Mensch sei. Dem majestätischen Kondor erschien sein Feind unbedeutend.

Als der Kondor-Prinz und der Bruder des Mädchens sich dann auf einem Berggipfel Auge in Auge gegenüberstanden, schnellte der junge Mann mit solcher Wucht, Geschwindigkeit und Treffsicherheit einen goldenen Stein ab, dass das Geschoss in die Brust des Vogels eindrang.

Der Kondor wollte davonfliegen, aber er sank herab, bevor er sich auch nur ein paar Hundert Meter vom Kampfplatz entfernt hatte. Verletzt landete er auf einer Ansammlung rötlicher Felsen.

Der Gott Wiracocha, der alles gesehen hatte, empfand Mitleid mit dem Kondor und verwandelte ihn in Stein, und dasselbe machte er mit sämtlichen Lebewesen, die sich in diesem Augenblick in seiner Nähe befanden.

Wiracocha tat dies, um die Menschen darauf hinzuweisen, dass man niemanden geringschätzen darf und sich in seinem Handeln nicht von Rache leiten lassen sollte.

Nach einer Weile kam eine Gruppe von Abgesandten ins Dorf, die nach dem Prinzen Kuntur Mallku suchten. Zur Überraschung der Bewohner erklärten die Boten, der vermisste Prinz habe die Fähigkeit besessen, sich in einen Kondor zu verwandeln.

El joven que lanzó la piedra se convirtió en el nuevo cacique y gobernó a su pueblo con justicia y sabiduría. La muchacha se casó con su prometido.

Hoy en día aún puede observarse cerca a la población de Corocoro, una población al suroeste de La Paz, en el cerro llamado Cóndor Jipiña (el cóndor de cuclillas) una roca de unos cinco metros de altura que se asemeja a un cóndor. Se dice que es el príncipe petrificado y que en su pecho todavía está la piedra de oro.

Später wurde der junge Mann, der den Stein abgeschossen hatte, selbst Kazike und herrschte weise und gerecht über sein Volk. Seine Schwester aber heiratete ihren Verlobten.

Bis heute kann man nahe dem Ort Corocoro, einer Kleinstadt südwestlich von La Paz, auf dem Berg Cóndor Jipiña – « der sitzende Kondor » – einen etwa fünf Meter hohen Felsen sehen, der an einen Kondor erinnert. Man sagt, es sei der versteinerte Prinz, und in seiner Brust befinde sich noch immer der goldene Stein.

María Lionza

De las tradiciones venezolanas

Hace muchos años en la región de la montaña de Sorte, en el estado venezolano de Yaracuy, vivía la tribu de los niruas.

Un día un chamán profetizó que un cacique del pueblo tendría una hija con ojos de un color tan extraño que al mirarse en las aguas de la laguna no podrían verse sus pupilas. Además, el chamán dijo que tan pronto como la niña de ojos color de agua se reflejara en alguna parte, de la imagen surgiría una gigantesca anaconda que provocaría la extinción de los niruas.

Tras conocer esos nefastos augurios cada vez que en la familia de un cacique nacía una niña la tribu tenía una gran aflicción. Ellos solo se tranquilizaban cuando comprobaban que el color de los ojos de las recién nacidas era oscuro.

Pero un día nació una niña con ojos claros. Los chamanes del pueblo quisieron matarla para evitar que se cumpla la profecía. Pero el padre de la niña salvó la vida de la pequeña princesa. Sin embargo, solo podían ver a la niña su madre y sus guardianas, además que ellas evitaban por todos los medios que la niña se mirase en superficies pulidas que puedan parecerse a un espejo.

Yara, como fue llamada la niña, creció y se convirtió en una hermosa mujer de ojos verdes como la esmeralda, pestañas largas, amplias caderas y pelo largo y liso. Su cuerpo olía a orquídeas, tenía una dulce sonrisa y una voz suave. Ella, que había creci-

María Lionza

Aus der venezolanischen Überlieferung

Vor langer Zeit lebte in der Gegend um den Berg Sorte im venezolanischen Bundesstaat Yaracuy der Stamm der Nirua.

Eines Tages prophezeite ein Schamane, ein Kazike des Volkes werde eine Tochter mit Augen von so seltsamer Farbe bekommen, dass die Pupillen unsichtbar blieben, wenn sie sich im Wasser der Lagune betrachte. Sobald das Mädchen mit den wasserfarbenen Augen sich irgendwo spiegele, verkündete der Schamane außerdem, werde aus dem Abbild eine riesige Anakonda auftauchen und den Untergang der Nirua herbeiführen.

Nachdem sie diese unheilvollen Prophezeiungen vernommen hatten, machten die Stammesangehörigen sich jedes Mal große Sorgen, wenn in der Familie eines Kaziken ein Mädchen geboren wurde. Sie beruhigten sich erst wieder, wenn sie festgestellt hatten, dass die Augen des Kindes dunkel waren.

Doch eines Tages kam ein Mädchen mit hellen Augen zur Welt. Die Schamanen des Volkes wollten es töten, um zu verhindern, dass sich die Weissagung erfüllte. Aber der Vater des Mädchens rettete das Leben der kleinen Prinzessin. Trotzdem durften nur ihre Mutter und ihre Erzieherinnen sie zu Gesicht bekommen, und diese verhinderten mit allen Mitteln, dass das Mädchen sich in einer blanken, spiegelartigen Oberfläche betrachtete.

Yara, wie das Mädchen hieß, wuchs heran und wurde zu einer schönen Frau mit smaragdgrünen Augen, langen Wimpern, breiten Hüften und langem glattem Haar. Yaras Körper roch nach Orchideen, sie hatte ein freundliches Lächeln und eine sanfte Stimme. Sie, die nahezu

do casi aislada de otros seres humanos, había desarrollado la capacidad para comunicarse con los animales.

Un día, en el que la profecía había de cumplirse, por un descuido de sus cuidadores la joven de los ojos color del agua llegó hasta la orilla de una laguna. Allí se miró en el agua, fue cautivada por su propia imagen y se quedó inmóvil en la orilla.

La presencia de la joven despertó al señor de las aguas, una gran anaconda, que emergió de las profundidades; se enamoró de Yara y quiso llevársela. Como la joven intentó resistirse, la anaconda se la tragó.

Los espíritus de la montaña habían visto lo sucedido y decidieron castigar a la serpiente. Después de tragarse a la joven la anaconda comenzó a hincharse de tal manera que se extendió desde el valle del Yaracuy, centro occidente de Venezuela, hasta el lago de Tacarigua (hoy lago de Valencia). Creció tanto que al final estalló quedando la cola en Sorte, cerca de Chivacoa, estado Yaracuy, y la cabeza en Tacarigua, en el estado Carabobo. Con su explosión la serpiente expulsó tanta agua que inundó el pueblo y ahogó la tribu. La profecía se había cumplido.

Los dioses de las montañas liberaron luego a la princesa y la nombraron protectora de la naturaleza, dueña de las aguas, protectora de los peces y reina del amor.

Desde entonces los nativos de la zona veneran a Yara como a la diosa de la naturaleza y del amor.

***

getrennt von anderen Menschen aufgewachsen war, hatte die Fähigkeit entwickelt, mit den Tieren zu reden.

Am Tag, an dem die Weissagung sich erfüllen sollte, gelangte die junge Frau mit den wasserfarbenen Augen jedoch durch eine Unachtsamkeit ihrer Erzieherinnen ans Ufer einer Lagune. Dort betrachtete sie sich im Wasser, wurde von ihrem eigenen Abbild in Bann gezogen und blieb reglos am Ufer sitzen.

Die Anwesenheit der jungen Frau weckte den Herrn des Wassers, eine große Anakonda, die aus der Tiefe auftauchte, sich in Yara verliebte und sie mitnehmen wollte. Da Yara sich wehrte, verschlang die Anakonda sie.

Die Geister des Berges hatten gesehen, was geschehen war, und beschlossen, die Schlange zu bestrafen. Nachdem sie das Mädchen verschluckt hatte, schwoll die Anakonda dermaßen an, dass sie sich vom Yaracuytal im westlichen Zentralvenezuela bis zum Tacariguasee, dem heutigen Valenciasee, ausdehnte. Sie wurde so dick, dass sie am Ende platzte, wobei ihr Schwanz auf dem Berg Sorte nahe Chivacoa im Staat Yaracuy und ihr Kopf in Tacarigua im Staat Carabobo liegen blieb. Durch ihr Bersten verursachte sie eine solche Flutwelle, dass das Dorf überschwemmt und das Volk ertränkt wurde. Die Weissagung hatte sich erfüllt.

Daraufhin befreiten die Berggeister die Prinzessin und ernannten sie zur Hüterin der Natur, zur Herrin des Wassers, zur Beschützerin der Fische und zur Königin der Liebe.

Seitdem verehren die Einheimischen jener Gegend Yara als die Göttin der Natur und der Liebe.

***

La princesa Yara recibió después de la conquista y la colonización española los nombres de María Alonso, María de la Onza y finalmente María Lionza, como es conocida en la actualidad.

Con frecuencia ella es descrita como una mujer de ojos verde claro, cabello largo y muchas veces es representada montando un tapir.

El culto actual a María Lionza se popularizó desde hace medio siglo y combina elementos del cristianismo con el espiritismo.

La montaña de Sorte se ha convertido en un centro de peregrinación de los devotos de María Lionza. La importancia de este personaje en Venezuela es tal que el gobierno de ese país propuso que la Unesco declare su culto como un patrimonio cultural de la humanidad.

Nach der Eroberung und Kolonisierung durch die Spanier gab man Prinzessin Yara die Namen María Alonso, María de la Onza und schließlich María Lionza, wie man sie heute kennt.

Oft wird sie als eine Frau mit hellgrünen Augen und langem Haar beschrieben und nicht selten auf einem Tapir reitend dargestellt.

Der moderne María-Lionza-Kult hat sich seit einem halben Jahrhundert ausgebreitet. Er vereint Elemente des Christentums mit denen des Spiritismus.

Der Berg Sorte ist zu einem Pilgerziel der Anhänger María Lionzas geworden. Die Bedeutung dieser Figur in Venezuela ist so groß, dass die Regierung des Landes der Unesco vorgeschlagen hat, ihre Verehrung zum Kulturerbe der Menschheit zu erklären.

El creador de la Patagonia

De las tradiciones patagónicas

Cuentan los indígenas tehuelches que viven en la Patagonia que hace muchos años en el mundo no se veían ni la tierra, ni el mar ni el sol. Solo existía Tons, las densas y oscuras tinieblas, y en medio de ellas estaba sentado Kòoch, el creador del universo.

Él estaba ya tanto tiempo allí sentado que, sin poder evitarlo, solo como estaba, su corazón comenzó a llorar de soledad. Kòoch lloró tanto tiempo que medir cuánto sería imposible. Sus lágrimas corrían a torrentes y a sus pies se acumuló tal cantidad que parecía que iban a cubrirlo. Esas lágrimas formaron a Arrok, el mar amargo, un océano tan vasto que se extendía más allá del alcance de la vista.

Cuando el dios creador dejó de llorar, lanzó un suspiro. Tan profundo y fuerte fue el suspiro que se convirtió en el primer viento, Xóchem, que disipó la densa niebla y agitó el mar encrespando las olas. Kòoch, sin quererlo, había creado el mar y el viento.

Algunos dicen que al dispersarse la niebla apareció la luz, aunque otros aseguran que fue el mismo dios el creador de la claridad. Otros afirman que cuando Kòoch todavía estaba envuelto en la oscuridad, quiso ver lo que había hecho. Para esto se alejó un poco y como por la oscuridad no podía ver, levantó rápido su brazo y así abrió una brecha en las tinieblas. El golpe que produjo el giro de su mano provocó una chispa tan grande que luego se convirtió en el Sol.

Der Schöpfer Patagoniens

Aus der patagonischen Überlieferung

Die Tehuelche, die in Patagonien leben, erzählen, dass man vor langer Zeit auf der Welt weder das Land noch das Meer noch die Sonne sehen konnte. Es gab nur Tons, die schwarze, undurchdringliche Finsternis. Mitten darin saß Kòoch, der Schöpfer des Universums.

Er saß dort schon so lange, dass sein Herz, ohne dass er etwas dagegen tun konnte, vor Einsamkeit zu weinen begann. Kòoch weinte so lange, dass es sich unmöglich in Worte fassen lässt. Seine Tränen flossen in Strömen, und zu seinen Füßen sammelten sie sich zu einer solchen Menge, dass er fast darin versunken wäre. Mit diesen Tränen war das erste Element geschaffen, sie bildeten Arrok, das bittere Meer, einen riesigen Ozean, der weiter reichte als das Auge.

Als der Schöpfergott mit dem Weinen aufhörte, stieß er einen Seufzer aus. So tief und kraftvoll war der Seufzer, dass aus ihm Xóchem, der erste Wind, hervorging, der den dichten Nebel auflöste und das Meer zu Wellen kräuselte. Ohne es zu wollen, hatte Kòoch das Meer und den Wind geschaffen.

Manche sagen, bei der Zerteilung des Nebels sei das Licht entstanden, während andere behaupten, der Gott selbst habe die Helligkeit geschaffen. Wieder andere meinen, als er noch in Dunkelheit gehüllt gewesen sei, habe Kòoch sein Werk betrachten wollen. Dafür sei er ein Stück zurückgetreten, und da er wegen der Dunkelheit nichts sehen konnte, habe er rasch den Arm gehoben und auf diese Weise eine Lücke in die Finsternis gerissen. Die plötzliche Bewegung seiner Hand habe einen Funken erzeugt, der so groß war, dass aus ihm die Sonne wurde.

El gran astro, al que los tehuelches llaman Xàleshen, se levantó sobre el océano e iluminó el paisaje. Entonces Kòoch vio que había una inmensa superficie, era el océano, sobre el que el viento soplaba haciendo retorcer las olas que formaban lo que parecía ser un tocado de espuma.

Al entrar el calor del sol en contacto con el mar se formaron las nubes, a las que llaman Teo, que desde aquel tiempo deambulan sin rumbo por el cielo y proyectan sobre el mar grandes manchas oscuras. Ya desde ese entonces, como todavía ahora, el alocado viento las movía a su gusto, algunas veces de manera suave y otras de una forma tan violenta que las nubes chocaban entre sí. Los retumbantes truenos, llamados Katru, eran la forma en la que las nubes se quejaban, y los relámpagos, Lüfke, sus amenazas.

Pero la obra que Kòoch había comenzado sin darse cuenta todavía no estaba terminada. Cuando el creador vio que en la tierra solo había un inmenso océano, de las aguas hizo emerger una isla con una extensión tan grande que en ella él formó montañas y llanuras. Esta nueva tierra era tan hermosa que al verla el viento, el sol y las nubes, todos hijos de Kòoch, decidieron proteger y hacer perdurar la creación de Kòoch. Así comenzaron a derramar sobre ella sus dádivas para que fructifique. El sol la iluminaba y calentaba, mientras que el viento mecía a las nubes, las que cuando rozaban las montañas dejaban caer la lluvia sobre la isla.

Pronto las dádivas de los hijos de Kòoch comenzaron a rendir sus frutos. Los arroyos y ríos formaron lagos que luego se poblaron de peces; las aguas regaron la tierra y en ella aparecieron las primeras plantas cuyas hojas se convirtieron luego en el alimento de los primeros animales.

Tan bella era la creación que no pocas veces el viento soplaba en demasía destruyendo lo que había a su paso o caía tanta lluvia que la tierra se anegaba y así mataba a las

Der große Stern, den die Tehuelche Xàleshen nennen, stieg über dem Ozean auf und beleuchtete die Landschaft. Da erblickte Kòoch eine unendliche Fläche, das Meer, über das der Wind wehte und den Wellen Schaumkronen aufsetzte.

Als die Hitze der Sonne auf das Meer traf, bildeten sich die Wolken, Teo genannt, die seither ziellos über den Himmel wandern und ihre Schatten als große dunkle Flecke auf das Meer werfen. Schon damals blies der eigensinnige Wind sie nach Belieben vor sich her, wie er es noch heute tut, mal sanft, mal so gewaltsam, dass sie gegeneinander prallten. Die lauten Donner, Katru genannt, waren die Unmutsäußerungen der Wolken, und das Zucken der Blitze, Lüfke, ihre Drohungen.

Doch das Werk, das Kòoch unbewusst begonnen hatte, war noch nicht beendet. Als der Schöpfer sah, dass es auf der Erde nichts als einen riesigen Ozean gab, ließ er aus dem Wasser eine Insel auftauchen, so groß, dass er auf ihr Berge und Ebenen formen konnte. Dieses neue Land war so schön, dass der Wind, die Sonne und die Wolken, sie alle Kòochs Kinder, bei seinem Anblick beschlossen, Kòochs Schöpfung zu schützen und zu erhalten. Also streuten sie ihre Gaben über ihr aus, auf dass sie fruchtbar werde. Die Sonne erhellte und wärmte sie, während der Wind die Wolken schob, aus denen, wenn sie an die Berge stießen, Regen auf die Insel fiel.

Die Gaben von Kòochs Kindern begannen bald Früchte zu tragen. Die Bäche und Flüsse bildeten Seen, die sich mit Fischen bevölkerten. Das Wasser tränkte den Boden, und auf ihm wuchsen die ersten Pflanzen, deren Blätter den ersten Tieren als Nahrung dienten.

So schön war die Schöpfung, dass der Wind oft zu stark blies und zerstörte, was ihm in die Quere kam, oder so viel Regen fiel, dass er den Boden überschwemmte

plantas. El viento, el sol y las nubes estaban celosos por la nueva tierra. Pero entonces Kòoch les reprendió con firmeza y desde ese momento volvió a reinar la paz en el mundo.

Así la pacífica isla de Kòoch parecía ser el paraíso. El dios creador estaba satisfecho. Entonces él se alejó rumbo al horizonte cruzando el mar, aunque en su camino hizo que surja otra tierra en las cercanías. Nunca más volvió.

El'al, el sabio

En ausencia del creador Kòoch, Tons, nombre con el que se conocía a la oscuridad, quiso recuperar el dominio de la parte del cosmos que, según ella, le correspondía. Había sido expulsado del universo primigenio por el viento, pero todavía estaba sobre el mundo. Para alcanzar su objetivo Tons creó un ejército de horrorosos seres demoniacos, los gigantes, quienes durante el día estaban contenidos por el sol, pero que hacían de las suyas durante las noches.

Alarmado el dios creador formó a Keenyenkon, como llamaban a la Luna, a la que le dio la tarea de iluminar la isla cada vez que el sol se aleje. Pero la luna se enamoró del sol y por eso lo acompañó durante sus viajes, al punto que muchas veces se iba con él hasta detrás de las montañas dejando a la isla en la oscuridad. Así pues un día el creador bendijo la unión del Sol y la Luna con el nacimiento de dos niños gemelos, Wun (lucero del alba) y Etensher (lucero de la noche), quienes luego asumieron la responsabilidad de advertir a los moradores de la isla acerca la llegada o partida de sus padres. En ese

und die Pflanzen vernichtete. Der Wind, die Sonne und die Wolken waren eifersüchtig auf das neue Land. Aber Kòoch wies sie streng zurecht, und von da an herrschte wieder Frieden auf der Welt.

Kòochs friedliche Insel schien das Paradies zu sein. Der Schöpfergott war zufrieden. Und so entfernte er sich über das Meer in Richtung Horizont, wobei er auf seinem Weg ein weiteres Land in der Nähe entstehen ließ. Nie wieder kehrte er zurück.

El'al, der Weise

Da nun der Schöpfer Kòoch sein Land verlassen hatte, wollte Tons, die Finsternis, die Herrschaft über jenen Teil des Kosmos wiedererlangen, der ihr ihrer Ansicht nach zustand. Sie war vom Wind aus dem ursprünglichen Universum vertrieben worden, aber sie schwebte immer noch über der Welt. Um ihr Ziel zu erreichen, schuf Tons ein Heer aus furchtbaren dämonischen Wesen, den Giganten, die bei Tag von der Sonne gebändigt wurden, bei Nacht jedoch taten, was sie wollten.

Besorgt formte der Schöpfergott nun Keenyenkon, wie die Tehuelche den Mond nannten, und erteilte ihm den Auftrag, immer wenn die Sonne unterging, die Insel zu beleuchten. Doch der Mond verliebte sich in die Sonne und begleitete sie deshalb auf ihrer Reise, so weit, dass er häufig mit ihr hinter den Bergen verschwand und die Insel im Dunkeln zurückließ. Da segnete der Schöpfer die Verbindung von Sonne und Mond mit der Geburt von Zwillingen, Wun und Etensher, dem Morgen- und dem Abendhimmel, welche bald die Aufgabe übernahmen, den Inselbewohnern das Kommen oder Gehen ihrer Eltern anzukündigen, denn zu jener Zeit

entonces ni el cielo del amanecer ni el del atardecer tenían color alguno que sirva de señal.

Un día Nóshtex, un gigante hijo de Tons, comenzó a desear a la nube Teo. Él la observaba embelesado días y noches enteras cuando la hermosa nube paseaba por el cielo con sus hermanas. Cuando el gigante no pudo más con su deseo decidió raptar a Teo y la llevó hasta su caverna donde durante tres días y tres noches la nube estuvo cautiva. En ese cautiverio fue concebido el semidiós El'al.

Al no encontrar a Teo sus hermanas se pusieron furiosas y se arremolinaron provocando una gran tormenta. Las lluvias dejaron a su paso grandes cantidades de agua que al bajar en torrentes desde las laderas de los montes arrastraban rocas, árboles y todo lo que se ponía en su recorrido. Esta gran lluvia también inundó los nidos de las aves y las madrigueras de los animales antes de depositarse en Arrok. Solo después de tres días de incesante lluvia salió el sol, quien al enterarse del rapto de Teo fue hacia el horizonte para informar de lo ocurrido al creador.

Lo ocurrido con la nube fue interpretado como una afrenta por Kòoch quien lanzó una profecía. Él dijo:

– Aquel que lo haya hecho, sin importar quien, será castigado. Si ahora Teo está esperando un hijo, ese niño llegará a ser mucho más poderoso que su padre y en el futuro será admirado y a la vez venerado por todos los seres vivos.

Al regresar el Sol transmitió la profecía del dios creador a las nubes y ellas la repitieron a Xóchem, como se conoce al viento. Él llevó la profecía hasta la tierra donde la anunció en voz alta. Cuando el

besaßen weder die Morgen- noch die Abenddämmerung eine eigene Färbung.

Eines Tages entdeckte Nóshtex, einer der Giganten, die Tons geschaffen hatte, seine Leidenschaft für die Wolke Teo. Entzückt betrachtete er sie Tag und Nacht, wenn die schöne Wolke mit ihren Schwestern über den Himmel zog. Als der Gigant die Begierde nicht mehr aushielt, beschloss er, Teo zu rauben, und brachte sie in seine Höhle, wo sie drei Tage und drei Nächte lang gefangen blieb. Während dieser Gefangenschaft wurde der Halbgott El'al gezeugt.

Da sie Teo nicht finden konnten, wurden ihre Schwestern zornig. Sie ballten sich zusammen und lösten ein schweres Gewitter aus. Die Regenfälle hinterließen dabei große Mengen an Wasser, das in Strömen von den Berghängen herabfloss und Felsen, Bäume und alles, was ihm in den Weg kam, mit sich riss. Der starke Regen überflutete auch die Nester der Vögel und die Baue der Tiere, bevor er sich in Arrok sammelte. Erst nach drei Tagen unaufhörlichen Regens zeigte sich die Sonne wieder, und als sie von Teos Entführung hörte, machte sie sich auf zum Horizont, um dem Schöpfer über das Geschehene zu berichten.

Was mit der Wolke passiert war, empfand Kòoch als Beleidigung. Deshalb stieß er eine Prophezeiung aus und erklärte:

«Wer das getan hat, wird bestraft werden, ohne Ansehen der Person. Sollte Teo jetzt ein Kind bekommen, wird es viel mächtiger werden als sein Vater. Alle lebenden Wesen werden es einst bewundern und verehren.»

Bei ihrer Rückkehr überbrachte die Sonne den Wolken die Prophezeiung des Schöpfergottes, und diese gaben sie an Xóchem weiter, den Wind. Der nahm sie mit sich zur Erde und verkündete sie mit lauter Stimme. Als die

chingolo la oyó, este fue y se la contó al guanaco, quien a su vez se la dijo al ñandú, luego el ñandú al zorrino, después el zorrino a la liebre, al armadillo, al puma … Al final Xóchem repitió el mensaje soplando en las puertas de las cavernas en las que vivían los gigantes y así, en poco tiempo, todos los moradores de la tierra nueva conocían la profecía pronunciada por Kòoch.

También Nóshtex conoció, de boca del viento, lo que Kòoch había profetizado y tuvo miedo, porque para él y sus oscuros hermanos representaba una maldición. Por eso cuando creía estar solo él dijo en voz alta:

– Voy a matar al niño y luego voy a comer a los dos, a la madre y al niño.

Así, preso del terror, el gigante Nóshtex con un puñal le abrió el vientre a Teo, la nube. Él tenía la intención de asesinar a la criatura. El gigante arrancó al niño del seno de su progenitora, pero al prepararse para devorarlo de pronto sintió un fuerte dolor en uno de sus talones.

Era Ter-Werr, una tuco-tuco que había construido su morada en el fondo de la cueva del gigante. Ella, que es un animal muy parecido a un ratón doméstico, había mordido con sus agudos dientes el talón de Nóshtex. Ter-Werr había escuchado los planes del gigante y, a pesar de su pequeño tamaño, estaba decidida a salvar tanto al niño como a su madre. Al sentir el dolor por un instante el gigante dejó al niño en el suelo para frotarse su adolorido pie. Ter-Werr aprovechó ese momento para rescatar al niño, a quién luego llamarían El'al, y lo escondió en su cueva. Se dice que Ter-Werr es la abuela materna del niño.

La tuco-tuco quiso también salvar a Teo, pero

Morgenammer sie vernahm, flog sie los und erzählte sie dem Guanako, das sie seinerseits dem Nandu erzählte, dann der Nandu dem Stinktier und das Stinktier dem Hasen, dem Gürteltier, dem Puma … Zum Schluss wiederholte Xóchem die Nachricht vor den Eingängen der Höhlen, in denen die Giganten lebten, und so erfuhren alle Bewohner des neuen Landes in kurzer Zeit Kòochs Prophezeiung.

Auch Nóshtex vernahm aus dem Mund des Windes, was Kòoch verkündet hatte, und bekam es mit der Angst zu tun, denn für ihn und seine finsteren Brüder war es ein Fluch. Als er sich allein glaubte, sprach er deshalb laut zu sich:

« Ich werde das Kind töten, und dann esse ich sie beide auf, Mutter und Kind. »

Und so öffnete der Gigant Nóshtex voller Angst mit einem Dolch den Bauch der Wolke Teo, um das Baby zu ermorden. Er riss das Kind aus dem Mutterleib und wollte es gerade verschlingen, als er plötzlich einen starken Schmerz in der Ferse spürte.

Das war Ter-Werr, eine Kammratte, die ihre Behausung im hinteren Teil der Höhle des Giganten angelegt hatte. Sie, ein mäuseartiges Nagetier, hatte Nóshtex mit ihren scharfen Zähnen in die Ferse gebissen. Ter-Werr hatte den Plan des Giganten gehört, und trotz ihrer geringen Größe war sie entschlossen, das Kind und seine Mutter zu retten. Als er den Schmerz spürte, legte der Gigant das Kind für einen Augenblick auf den Boden und rieb sich den schmerzenden Fuß. Ter-Werr nutzte diesen Moment, um das Kind, das später El'al genannt werden sollte, in Sicherheit zu bringen, und versteckte es in ihrem Bau. Deshalb sagt man, Ter-Werr sei die Großmutter mütterlicherseits des Kindes.

Die Kammratte wollte auch Teo retten, aber ihre

sus esfuerzos no fueron suficientes. La nube murió desangrada y su sangre derramada se esparció y llegó a salpicar a Wun y Etensher, los hijos del Sol y la Luna, a quienes los tiñó con tonalidades del rojo, colores que aún hoy se muestran en el alba y el ocaso.

Ter-Werr logró llevar al niño al exterior y pidió ayuda a los otros animales. Uno de ellos, Kíus, el chorlo, sugirió llevarlo a una nueva isla que Kòoch había creado más allá del mar amargo.

Los otros aceptaron la propuesta y así comenzaron a preparar en secreto la fuga. Cuando vieron que El'al, el niño, estaba ya listo para partir, una madrugada Ter-Werr lo cargó hasta la orilla de una laguna donde lo escondió entre los juncos. Desde allí la tuco-tuco llamó a Kiken, el chingolo, a quien pidió que convoque a los animales para formar un grupo que escolte el viaje del niño. La mayoría de los animales acudieron gustosos, pero no todos llegaron a la cita. Unos, como el puma, no quisieron acompañar al niño, otros, como el ñandú y el flamenco, querían hacerlo pero llegaron muy tarde a la cita. Uno de ellos, el zorrino, estaba tan feliz de haber sido convocado que cuando se encontró con el gigante en el camino le dijo que iba a viajar a una tierra nueva acompañando a un niño. Así se enteró Nóshtex de que un grupo de animales había diseñado un plan para permitir la huida del niño y a grandes pasos se dirigió a la laguna.

Él hubiera podido evitar la partida del niño, si no habría sido distraído en el camino por el canto de un pecho-colorado mandando por Ter-Werr. Por eso no fue suficientemente rápido para ver como un

Kräfte reichten nicht aus. Die Wolke verblutete, und ihr vergossenes Blut breitete sich aus und benetzte Wun und Etensher, die Söhne der Sonne und des Mondes, und färbte sie in unterschiedlichen Rottönen, Farben, die man noch heute bei Tagesanbruch und in der Abenddämmerung sehen kann.

Als es Ter-Werr gelungen war, das Kind hinauszuschaffen, bat sie die anderen Tiere um Hilfe. Eines von ihnen, Kíus, der Regenpfeifer, schlug vor, das Kind auf die neue Insel zu bringen, die Kòoch hinter dem bitteren Meer geschaffen hatte.

Die anderen waren mit dem Vorschlag einverstanden und trafen heimlich Vorkehrungen für die Flucht. Als sie sahen, dass das Kind El'al bereit zur Abreise war, trug Ter-Werr es eines Tages frühmorgens ans Ufer einer Lagune, wo sie es im Schilf versteckte. Dort rief sie nach Kiken, der Morgenammer, und bat sie, die Tiere zusammenzuholen, damit sie eine Abordnung aufstellten, die das Kind auf seiner Reise begleiten sollte. Die meisten Tiere eilten bereitwillig herbei, aber nicht alle folgten dem Aufruf. Einige, wie der Puma, wollten das Kind nicht begleiten, andere, wie der Nandu oder der Flamingo, wollten es zwar tun, kamen aber verspätet zu dem Treffen. Eines von ihnen, das Stinktier, war so glücklich, eingeladen worden zu sein, dass es, als es unterwegs Nóshtex begegnete, diesem erzählte, es werde mit einem Kind in ein neues Land reisen. So erfuhr der Gigant, dass eine Gruppe von Tieren einen Plan geschmiedet hatte, um die Flucht des Kindes zu ermöglichen, und er begab sich hastig zu der Lagune.

Er hätte die Abreise des Kindes noch vereiteln können, wäre er nicht durch den Gesang eines von Ter-Werr beauftragten Weißbrauenstärlings abgelenkt worden. Darum kam der Gigant nicht mehr rechtzeitig, um mit-

enorme cisne blanco se acercó al niño, lo puso en su lomo y luego alzó vuelo. Nóshtex solo alcanzó a ver en el cielo un pájaro blanco que volaba con su estirado largo cuello y las alas desplegadas en dirección a una tierra ventosa y fría que hoy es llamada Patagonia. Allí El'al, el hijo de la nube y el gigante, podría vivir sin peligro, porque Nóshtex y sus hermanos no solían aproximarse al agua.

Al llegar el cisne con el niño a la tierra nueva se posó en la cumbre del cerro Chaltén que hoy se conoce como el Monte Fitz Roy. Pero ellos no fueron los únicos que llegaron. Poco después también lo hicieron las aves y los peces, tanto grandes como pequeños, que antes habían vivido en torno a la isla en la que El'al había nacido. A la tierra nueva también llegaron otros animales terrestres que, para no abandonar al pequeño El'al, cruzaron el mar en la forma que ellos pudieron. Algunos dicen que atravesaron el océano a bordo de aves o peces, pero todos coinciden que en su viaje los animales se apiñaron unos sobre otros, para no congelarse de frío. Así fue que la tierra del Chaltén se pobló de vida. Los llanos se poblaron de guanacos, liebres y zorros; las lagunas se llenaron de peces, patos y flamencos y los cielos fueron surcados por chingolos, chorlos y cóndores.

Las aves le llevaron al niño alimentos y lo protegieron del frío entre sus plumas. Después, durante tres días y tres noches El'al permaneció en la cumbre, desde donde contemplaba el helado desierto que más tarde él se ocuparía de transformar para siempre.

Muy pronto el niño aprendió que también la nueva tierra tenía sus peligros. Allí habitaban Kokeske, el frío, y Shíe, la nieve, dos hermanos

zuerleben, wie ein riesiger weißer Schwan sich dem Kind näherte, es auf seinen Rücken setzte und davonflog. Er sah nur einen weißen Vogel am Himmel, der, den langen Hals gestreckt, mit ausgebreiteten Schwingen in Richtung eines windigen, kalten Landes segelte, das man heute Patagonien nennt. Dort konnte El'al, das Kind der Wolke und des Giganten, ungefährdet leben, denn Nóshtex und seine Brüder scheuten das Wasser.

Als der Schwan mit dem Kind in dem neuen Land eintraf, ließ er sich auf dem Gipfel des Berges Chaltén nieder, den man heute unter dem Namen Monte Fitz Roy kennt. Doch sie waren nicht die Einzigen, die eintrafen. Wenig später taten das auch die Vögel und die Fische, große wie kleine, die zuvor rings um die Insel gelebt hatten, auf der El'al geboren worden war. Es kamen auch einige Landtiere auf die neue Insel, die das Meer irgendwie überwanden, um den kleinen El'al nicht im Stich zu lassen. Manche sagen, sie hätten den Ozean auf dem Rücken von Vögeln oder Fischen überquert, aber alle stimmen darin überein, dass sich die Tiere auf ihrer Reise dicht zusammengedrängt hätten, um nicht vor Kälte zu erfrieren. Und so wurde das Land am Chaltén von Lebewesen bevölkert. Guanacos, Hasen und Füchse strömten in die Ebenen, die Seen füllten sich mit Fischen, Enten und Flamingos, und über den Himmel zogen Morgenammern, Regenpfeifer und Kondore.

Die Vögel brachten dem Kind Speisen und schützten es mit ihrem Gefieder vor der Kälte. Drei Tage und drei Nächte blieb El'al auf dem Gipfel und betrachtete die eisige Wüste, die er später dauerhaft umgestalten sollte.

Bald lernte das Kind, dass es auch in dem neuen Land Gefahren gab. Dort wohnten Kokeske, die Kälte, und Shíe, der Schnee, zwei Geschwister, die sich

que se consideraban a sí mismos como los dueños de la región. Atacaron a El'al cuando él comenzó a bajar del Chaltén. Furiosos querían matarlo con la ayuda de Máip, el viento asesino.

Pero el niño golpeando dos piedras entre sí produjo una chispa que luego se convirtió en fuego. Así El'al se protegió de Kokeske y Shíe y después los ahuyentó. Más tarde El'al construyó un arco y flechas con los que cazó animales que le servirían de sustento. Con ese mismo arco ahuyentó también al mar a flechazos y así logró expandir la tierra seca.

Los antiguos tehuelches dicen que al crecer El'al dio origen a las estaciones del año, amansó las fieras y estableció reglas para la vida. Así consolidó bajo su dominio un vasto y rico territorio en el que había todo tipo de animales.

Entonces fue que utilizando sus manos modeló con barro a los primeros hombres y mujeres. A ellos, a quienes se les conoce como chónek, El'al les enseñó todo lo necesario para cazar, desde reconocer las huellas de animales, seguirles el rastro y poner los señuelos hasta fabricar las armas. También les enseñó a encender el fuego y a coser abrigados quillangos para protegerse del frío. Además les mostró la forma de curtir el cuero con el fin de dejarlo liso e impermeable para sus toldos, además de otras técnicas que en ese entonces solo él conocía.

Según los antiguos la Luna y el Sol están donde hoy están porque El'al los expulsó de la tierra después de que ellos se negaran a darle a Nerguelen, una de sus hijas, como esposa. Se dice que después la muchacha fue abandonada por

für die Herren jener Gegend hielten. Sie überfielen El'al, als er vom Chaltén herabstieg. Voller Wut wollten sie ihn mithilfe von Máip, einem mörderischen Wind, töten.

Doch das Kind schlug zwei Steine gegeneinander und brachte einen Funken hervor, aus dem rasch ein Feuer wurde. Damit schützte El'al sich vor Kokeske und Shíe und vertrieb sie schließlich. Dann fertigte er sich einen Bogen und Pfeile und jagte mit ihnen Tiere, die ihm als Nahrung dienten. Mit ebendiesem Bogen drängte er auch das Meer Pfeil um Pfeil zurück und konnte so das Festland vergrößern.

Die Tehuelche erzählen, dass El'al, als er heranwuchs, die Jahreszeiten schuf, die wilden Tiere zähmte und Regeln für das Zusammenleben aufstellte. Unter seiner Herrschaft entstand ein ausgedehntes, wohlhabendes Gebiet, in dem es alle Arten von Tieren gab.

Dann formte er mit seinen Händen aus Lehm die ersten Männer und Frauen. Ihnen, die man unter dem Namen Chónek kennt, brachte El'al alles für die Jagd Notwendige bei, vom Lesen der Fährten der Tiere über das Verfolgen ihrer Spuren und das Auslegen von Ködern bis zur Herstellung von Waffen. Er brachte ihnen auch bei, Feuer zu machen und warme Umhänge gegen die Kälte zu nähen. Außerdem zeigte er ihnen, wie sie das Leder für ihre Zelte gerben mussten, damit es glatt und wasserundurchlässig wurde, und lehrte sie weitere Techniken, mit denen zu jener Zeit nur er vertraut war.

Der Überlieferung zufolge befinden Sonne und Mond sich an ihren heutigen Positionen, weil El'al sie aus seinem Land vertrieb, nachdem sie sich geweigert hatten, ihm Nerguelen, eine ihrer Töchter, zur Frau zu geben. Später soll er das Mädchen im Ozean zurückgelassen haben, von wo aus

El'al en el océano desde donde muchas veces Nerguelen, la marea, quiere acercarse al cielo donde está su madre, la Luna. Por eso algunos dicen que el mar crece con la luna nueva.

Un día El'al, el sabio, consideró que sus trabajos habían terminado. Entonces poco antes del amanecer convocó a los chónek, les anunció que se marcharía y les pidió que transmitieran sus enseñanzas a sus hijos, y estos a su vez a los suyos. Después les pidió que no le rindieran honores y se despidió de ellos. Luego, cuando asomaba el alba, El'al llamó al cisne, aquel que siendo él un niño lo había transportado a la tierra nueva, montó a su lomo y le señaló con un gesto la dirección del este.

El cisne se alejó del acantilado, corrió un corto trecho y luego alzó vuelo. Ya durante el viaje, inclinándose sobre el ave, El'al le pidió que le avisara cuando fuera necesario hacer una pausa para descansar. Después cada vez que el cisne le decía estar cansado, El'al disparaba una flecha y con cada flechazo emergía sobre el agua tierra seca sobre la que el cisne podía posarse para descansar.

Se dice que desde la costa patagónica todavía pueden distinguirse algunas de esas islas. Incluso se dice que El'al vive en una de ellas, una que está tan lejos que ningún ser vivo ha podido llegar. Se dice que está sentado frente a unas hogueras que nunca se apagan y que continuamente escucha historias que le cuentan los espíritus de tehuelches que llegan hasta allí.

Nerguelen, die Flut, immer wieder zum Himmel strebt, an dem ihr Vater, der Mond, seine Bahn zieht. Deshalb sagen manche Leute, dass das Meer bei Neumond anschwillt.

Eines Tages hielt El'al, der Weise, sein Werk für beendet. Also rief er kurz vor Tagesanbruch die Chónek zusammen, verkündete ihnen, dass er fortgehen werde, und bat sie, seine Lehren an ihre Kinder weiterzugeben, die sie wiederum an ihre Kinder weitergeben sollten. Dann bat er sie noch, ihm keine Ehrbezeigungen zu erweisen, und verabschiedete sich von ihnen. Schließlich, als der Morgen dämmerte, rief El'al den Schwan herbei, jenen, der ihn als Kind in das neue Land gebracht hatte, stieg auf seinen Rücken und wies ihm mit einer Handbewegung die Richtung nach Osten.

Der Schwan wandte sich von der Steilküste ab, lief eine kurze Strecke und erhob sich dann in die Luft. Sie waren bereits unterwegs, als El'al sich über den Hals des Vogels beugte und ihn bat, ihm Bescheid zu geben, sobald er eine Pause benötige. Jedes Mal, wenn der Schwan daraufhin sagte, dass er müde sei, schoss El'al einen Pfeil ab, und mit jedem Schuss erschien im Wasser ein Stück Festland, auf dem der Schwan landen und ausruhen konnte.

Man sagt, von der Küste Patagoniens aus könne man noch immer einige dieser Inseln erkennen. Man sagt sogar, El'al wohne auf einer von ihnen, auf einer, die so weit entfernt sei, dass kein Lebender sie je erreicht habe. Man sagt, er sitze an Feuern, die nie erlöschen, und lausche den Geschichten der Tehuelche-Geister, die dort Zuflucht finden.

Glosario

Anahí: En guaraní Anahí significa «bella como la flor de ceibo».

Atahuallpa: Atahuallpa fue el decimotercero y último inca. Se proclamó inca al término de una guerra civil en la que se enfrentó a su hermano Huáscar. Apresado por los conquistadores españoles, para su rescate pagó dos habitaciones llenas de plata y oro pero aún así fue asesinado.

Aymaras: Los aymaras son un pueblo originario que habita desde hace miles de años en el centro de la meseta andina suramericana, desde el sur del Perú hasta el occidente de Bolivia y el norte de Chile. El 21 de junio de 2014 celebraron la llegada de su año 5522.

Aztecas: El pueblo azteca se estableció en el siglo XIII en el centro y sur de lo que hoy se conoce como México. También fueron conocidos como mexicas. Su idioma era el náhuatl. El imperio azteca existió hasta la llegada de los conquistadores españoles (1519).

Cajamarca: Cajamarca es un lugar ubicado al noroeste de Perú. Allí, el 16 de noviembre de 1532, tuvo lugar la batalla de Cajamarca en la que las tropas del conquistador español Francisco Pizarro emboscaron y capturaron al inca Atahuallpa. En la batalla murieron cerca de cinco mil sirvientes del inca.

Ce Ácatl Topiltzin: Ce Ácatl Topiltzin fue un personaje histórico del antiguo México. Según las leyendas fue sacerdote de Tollán.

Coca: La coca (*Erythroxylum coca*) es un arbusto originario de los Andes, en Suramérica. Tiene un alto contenido nutricional y propiedades medicinales. Antes de la llegada de los españoles su consumo estaba restringido para los nobles y sacerdotes. En la actuali-

Glossar

Anahí: Auf Guaraní bedeutet Anahí « schön wie die Blüte des Ceibobaumes ».

Atahuallpa: Atahuallpa war der dreizehnte und letzte Inka. Am Ende eines Bürgerkriegs gegen seinen Bruder Huáscar ernannte er sich zum Inka. Nach seiner Gefangennahme durch die spanischen Eroberer bezahlte er als Lösegeld zwei Räume voller Gold und Silber. Trotzdem wurde er ermordet.

Aymara: Die Aymara sind ein indigenes Volk, das seit Tausenden von Jahren im Zentralbereich des südamerikanischen Andenhochlandes lebt – vom Süden Perus bis in den Westen Boliviens und in den Norden Chiles. Am 21. Juni 2014 feierten sie den Beginn des Jahres 5522 ihrer Zeitrechnung.

Azteken: Das Volk der Azteken siedelte sich im 13. Jahrhundert in der Mitte und im Süden jenes Gebietes an, das man heute als Mexiko kennt. Sie wurden auch Mexica genannt. Ihre Sprache war das Nahuatl. Das Aztekenreich existierte bis zur Ankunft der Spanier (1519).

Cajamarca: Cajamarca ist eine Stadt im Nordwesten Perus. Dort fand am 16. November 1532 die Schlacht von Cajamarca statt, bei der die Truppen des spanischen Eroberers Francisco Pizarro den Inka Atahuallpa in einen Hinterhalt lockten und gefangennahmen. In der Schlacht kamen etwa fünftausend Untergebene des Inka ums Leben.

Ce Ácatl Topiltzin: Ce Ácatl Topiltzin war eine historische Persönlichkeit des Alten Mexiko. Der Überlieferung zufolge wirkte er als Priester in Tula.

Coca: Die Kokapflanze (*Erythroxylum coca*) ist ein ursprünglich im südamerikanischen Andenraum beheimateter Strauch. Sie besitzt einen hohen Nährwert und verfügt über medizinische Eigenschaften. Vor der Ankunft der Spanier durfte sie nur von Adligen und Priestern genossen werden. Heute spielt

dad es parte central de la religiosidad popular. En 1859 el farmacéutico alemán Albert Niemann descubrió la cocaina. Al ser la coca el ingrediente básico de esa droga su uso fue prohibido por la Convención única sobre estupefacientes en 1961, excepto para fines médicos o científicos.

Corocoro: Corocoro es una población del altiplano boliviano ubicado a 90 kilómetros al suroeste de La Paz.

Curaca: Curaca es una palabra quechua que significa el primero o el mayor entre todos. Los curacas eran los jefes políticos y administrativos de los pueblos quechuas antes de la llegada de los conquistadores españoles a América.

Kjana-Chuyma: En idioma aymara significa «Corazón claro».

Kòoch: Es el dios creador de la mitología tehuelche.

Mallku: Mallku es entre los aymaras el espíritu de las montañas y como tal tiene un rango divino. Normalmente es representado por un cóndor. Las máximas autoridades de una comunidad también son llamados mallkus.

Mixcóatl: Era el dios de la guerra en la mitología azteca y tolteca. En náhuatl significa «Serpiente de nubes».

Monte Fitz Roy: El Monte Fitz Roy está ubicado en la frontera argentino-chilena de la Patagonia. De 3406 msnm es una de las principales atracciones naturales del Parque Nacional los Glaciares, en Argentina. Es llamado por los tehuelches El Chaltén que significa «montaña humeante».

Ometéotl: Era el dios creador entre los mexicas. Tenía naturaleza masculina y femenina.

Pachacamac: Pachacamac es considerado el dios creador en las culturas andinas. Su principal centro de culto estaba en la costa peruana, en las cercanías de la actual ciudad de Lima. Más tarde fue conocido como el dios de los temblores.

Pachacamilla: En el siglo XVI era una zona ubicada al este del centro de Lima, en el lugar donde actualmente se encuentra el Monasterio de Las Nazarenas. Actualmen-

sie eine zentrale Rolle in der religiösen Praxis des einfachen Volkes. 1859 entdeckte der deutsche Chemiker Albert Niemann das Kokain. Da die Kokapflanze die Grundlage für die Gewinnung dieser Droge ist, wurde ihre Verwendung durch das «Einheitsabkommen über die Betäubungsmittel» von 1961 außer für medizinische oder wissenschaftliche Zwecke verboten.

Corocoro: Corocoro ist eine 90 Kilometer süwestlich von La Paz gelegene Kleinstadt im bolivianischen Hochland.

Curaca: Curaca ist ein Wort aus dem Quechua und bedeutet der Erste oder Größte von allen. Vor der Ankunft der spanischen Eroberer auf dem amerikanischen Kontinent waren die Curacas die Oberhäupter der Quechua-Gemeinden.

Kjana-Chuyma: In Aymara bedeutet Kjana-Chuyma «klares Herz».

Kòoch: In der Mythologie der Tehuelche ist Kòoch der Schöpfergott.

Mallku: Bei den Aymara ist Mallku der Geist der Berge, und als solcher besitzt er göttlichen Rang. Für gewöhnlich wird er als Kondor dargestellt. Auch die Vorsteher einer Gemeinschaft werden Mallkus genannt.

Mixcóatl: In der aztekischen und toltekischen Mythologie war Mixcóatl der Gott des Krieges. In Nahuatl bedeutet sein Name «Wolkenschlange».

Monte Fitz Roy: Der Monte Fitz Roy befindet sich an der argentinisch-chilenischen Grenze in Patagonien. Mit 3406 Metern ist er eine der größten Attraktionen im argentinischen Nationalpark Los Glaciares. Die Tehuelche nennen ihn El Chaltén, was «rauchender Berg» bedeutet.

Ometéotl: Bei den Mexica war Ometéotl der Schöpfergott. Er besaß eine männliche und eine weibliche Seite.

Pachacamac: In den Andenkulturen wird Pachacamac (Pachakamaq) als der Schöpfergott angesehen. Das wichtigste Zentrum seines Kultes befand sich an der peruanischen Küste, nahe der heutigen Stadt Lima. Später kannte man ihn als den Gott der Erdbeben.

Pachacamilla: Im 16. Jahrhundert war Pachacamilla eine Gegend im Osten des Stadtzentrums von Lima, wo sich heute das Kloster Las Nazarenas befindet. Inzwischen nennt man ein anderes

te hay una nueva zona conocida como Pachacamac o Pachacamilla, un distrito de la provincia de Lima, conocida por las ruinas del templo del dios de los temblores.

Pachamama: La Pachamama es entre aymaras y quechuas una diosa que representa todo el conjunto del mundo material de la naturaleza. Se la asocia con la tierra. No es creadora, pero sí proveedora. Es una de las divinidades prehispánicas cuyo culto se prolonga hasta la actualidad. Ese culto está basado en la idea de la reciprocidad.

Paraná: El río Paraná nace en Brasil y marca la frontera oriental entre Paraguay y Brasil. Es uno de los afluentes del río de la Plata.

Quechuas: Los quechuas son un pueblo que se extiende desde Ecuador hasta el norte de Argentina. Su idioma es el *runa simi* («lengua de las gentes») que se conoce también como quechua. En la actualidad se estima que 14 millones de personas hablan ese idioma.

Quetzalcóatl: En el idioma náhuatl significa «serpiente emplumada». Es uno de los dioses principales de las culturas prehispánicas en Mesoamérica. Entre los mayas era conocido también como Kukulkan. Era representado como un dios blanco y barbado.

Sol: Llamado por los quechuas Inti, el Sol era el dios principal de esa cultura. Era considerado el creador, pero también el fructificador.

Tehuelches: Tehuelche es el nombre genérico que se da a los pueblos originarios que habitan la región de la Patagonia.

Tezcatlipoca: Es el dios negro de las culturas mesoamericanas. Es la parte antagónica de Quetzalcóatl a quien también llaman Tezcatlipoca blanco. Tezcatlipoca negro es considerado la fuente de la vida, origen del poder y las batallas. En náhuatl significa «espejo humeante».

Valle de Lurín: Está ubicado en el distrito de Lurín, en la parte sur de la ciudad de Lima, Perú.

Gebiet Pachacamac oder Pachacamilla und zwar einen Bezirk der Provinz Lima, der durch die Ruinen des Tempels des Erdbebengottes bekannt geworden ist.

Pachamama: Bei den Aymara und Quechua ist Pachamama eine Göttin, die die gesamte materielle Welt der Natur verkörpert. Sie wird mit der Erde in Verbindung gebracht. Obwohl sie keine Schöpfergottheit ist, versorgt sie die Menschen. Sie ist eine der prähispanischen Gottheiten, deren Verehrung bis in die Gegenwart andauert. Ihr Kult gründet im Gedanken der Gegenseitigkeit.

Paraná: Der Río Paraná entspringt in Brasilien und bildet die Ostgrenze zwischen Paraguay und Brasilien. Er ist einer der Zuflüsse des Río de la Plata.

Quechua: Die Quechua sind ein Volk, dessen Siedlungsgebiet von Ecuador bis in den Norden Argentiniens reicht. Ihre Sprache ist das *runa simi* («Sprache der Menschen»), das auch Quechua genannt wird. Man schätzt, dass gegenwärtig etwa vierzehn Millionen Menschen diese Sprache sprechen.

Quetzalcóatl: In Nahuatl bedeutet der Name «gefiederte Schlange». Quetzalcóatl ist einer der wichtigsten Götter der prähispanischen Kulturen in Mittelamerika. Bei den Maya kannte man ihn auch als Kukulkan. Er wurde als ein weißer, bärtiger Gott dargestellt.

Sonnengott: Von den Quechua Inti genannt, war der Sonnengott die höchste Gottheit dieser Kultur. Er wurde als Schöpfer der Welt angesehen, aber auch als der, der sie Früchte tragen lässt.

Tehuelche: Tehuelche ist eine Sammelbezeichnung für die indigenen Völker Patagoniens.

Tezcatlipoca: Tezcatlipoca ist der schwarze Gott der mittelamerikanischen Kulturen. Er ist das Gegenstück zu Quetzalcóatl, der auch der weiße Tezcatlipoca genannt wird. Der schwarze Tezcatlipoca wird als die Quelle des Lebens angesehen, als Ursprung der Macht und der kriegerischen Auseinandersetzungen. Auf Nahuatl bedeutet sein Name «rauchender Spiegel».

Valle de Lurín: Das Tal von Lurín befindet sich im Bezirk Lurín im Süden der peruanischen Hauptstadt Lima.

Wiracocha: Wiracocha es el dios creador en la cultura aymara que salió de las aguas del lago Titicaca. Más tarde fue asociado al sol por los quechuas. En los pueblos se considera que era un dios blanco que prometió regresar a la tierra para traer felicidad.

Wiracocha: Wirachocha ist der den Wassern des Titicacasees entstiegene Schöpfergott der Aymarakultur. Später wurde er von den Quechua mit dem Sonnengott in Verbindung gebracht. Man hält ihn für einen weißen Gott, der in sein Land zurückkehren wollte, um ihm Glück zu bringen.

Bibliographie

(Die unten genannten Webseiten wurden zwischen Januar 2009 und Juni 2014 besucht.)

Das Versteckspiel
Mündliche Überlieferung. Auf Spanisch gibt es unterschiedliche Versionen der Geschichte, hier die Fassung, die in der Familie des Autors erzählt wurde.

Die Legende vom Mais
Mündliche Überlieferung. Im Internet gibt es verschiedene Versionen.
http://www.americas-fr.com/es/civilizaciones/leyendas/montana.html.
http://www.redmexicana.com/leyendas/laleyendadelmaiz.asp.
http://www.teotihuacan.com.mx/2011/03/26/la-leyenda-del-maiz/. http://www.youtube.com/watch?v=Y2r-qOF-ceY.

Die Legende von der Kokapflanze
In Anlehnung an
Díaz Villamil, Antonio: Leyendas de mi tierra, 11. Auflage, La Paz 1980.

Die Legende von der Kartoffel
In Anlehnung an
Erzählungen von Paula Tambo de Quiñonez.
Díaz Villamil, Antonio: Leyendas de mi tierra, 11. Auflage, La Paz 1980.

Die Legende von Quetzalcóatl
Anales de Cuauhtitlán en: Arte historia (Autor unbekannt), http://www.artehistoria.jcyl.es/v2/contextos/11648.htm.
Díaz, Frank: El evangelio de la serpiente emplumada, México 2005.
Zamora Díaz, Fernando: Quetzalcóatl nació en Amatlán (Tesis), México, Universidad Iberoamericana, 2007.

Die Legende von Anahí
Mündliche Überlieferung.
http://imaginario.org.ar/baultematico/a/anahi.html.
http://prensalibrepueblosoriginarios.blogspot.de/2012/05/leyenda-guarani-mburukuya.html.
Die Legende von Pachacamac
In Anlehnung an
De la Calancha, Antonio: Crónica moralizada del orden de San Agustín en el Perú con sucesos ejemplares en esta monarquía, Band III. Archivo y Biblioteca Nacional de Bolivia, 1737.
Die Blume Lirolay
Mündliche Überlieferungen aus Argentinien.
Bertgold de Walschburger, Ute: Leyendas de nuestra América, Bogotá 1989.
Hoetzer, Cynthia: La flor de Lirolay (Adaptación), http://lanic.utexas.edu/project/etext/llilas/outreach/southern_cone/hoetzer.pdf.
Mangusi, Inés: Mitos y Leyendas, un espacio de difusión de la memoria popular del noroeste argentino, Radio Universidad Tucumán, http://www.ivoox.com/mitos-leyendas-del-noroeste-micro-audios-mp3_rf_2409939_1.html.
Ocampo López, Javier: Mitos y Leyendas Latinoamericanas, Bogotá 2006.
Die Legende vom sitzenden Kondor
Mündliche Überlieferungen aus Corocoro, Bolivien.
Erzählungen von Paula Tambo de Quiñonez.
María Lionza
Mündliche Überlieferungen aus Venezuela.
Barreto, Daysi: Perspectiva histórica del mito y culto a María Lionza, Universidad Central de Venezuela, http://www.raco.cat/index.php/BoletinAmericanista/article/viewFile/98550/146147.
Brent, María: Mito y culto de María Lionza, http://www.caribenet.info/pensare_brandt_maria_lionza.asp?l=.
Revista Predicciones: La leyenda de María Lionza, http://www.revistapredicciones.com/la-leyenda-de-maria-lionza/.
Sánchez Ochoa, Roberto: María Lionza, http://suite101.net/

article/maria-lionza-diosa-madre-de-venezuela-a70810#.
U4RRzFzwCmw.
Der Schöpfer Patagoniens
Calvino, Rubén: Mito de la Creación Tehuelche, http://www.monografias.com/trabajos94/mitologia-y-gnomonica-mito-creacion-tehuelche/mitologia-y-gnomonica-mito-creacion-tehuelche.shtml.
Canclini, Arnoldo (Hg.): Leyendas de la Patagonia, http://www.alconet.com.ar/varios/mitologia/patagonia/koock.html.
Melantoni, Enrique (Recopilador): El creador de la Patagonia, 2006, http://www.folkloretradiciones.com.ar/literatura/El%20Creador%20De%20La%20Patagonia.pdf.
Pueblo Tehuelche, Kòoch y la creación del mundo, http://es.scribd.com/doc/89678091/kooch-Leyenda-tehuelche.